9 REGLAS PARA UNA
EDUCACIÓN
CONSCIENTE

9 REGLAS PARA UNA
EDUCACIÓN CONSCIENTE

Descubre los pilares para educar a tus hijos desde
la consciencia y el respeto a su desarrollo.

(COORD.)
ÚRSULA PERONA

RAFA GUERRERO · SILVIA ÁLAVA SORDO ·
LEO FARACHE · BEGOÑA IBARROLA · MARINA
MARROQUÍ · DIANA JIMÉNEZ · PEDRO GARCÍA
AGUADO · GABRIEL GARCÍA DE ORO

TOROMÍTICO

© Úrsula Perona Mira, Rafa Guerrero, Silvia Álava Sordo, Leo Farache, Begoña Ibarrola, Marina Marroquí, Diana Jiménez, Pedro García Aguado, Gabriel García de Oro, 2023
© Editorial Almuzara, s. l., 2023

Primera edición: mayo de 2023

Ediciones Toromítico • Colección Padres y educadores
Edición: Óscar Córdoba
Corrección: Rebeca Rueda

www.toromitico.com
pedidos@almuzaralibros.com - info@almuzaralibros.com
Síguenos en @AlmuzaraLibros

Editorial Almuzara
Parque Logístico de Córdoba. Ctra. Palma del Río, km 4
C/8, Nave L2, nº 3. 14005 - Córdoba

Imprime: Black Print
ISBN: 978-84-11316-49-1
Depósito: CO-430-2023
Hecho e impreso en España - *Made and printed in Spain*

*Para todos los papás y mamás
que tenéis entre manos este libro:
vuestro deseo de educar desde la
consciencia y el respeto es la semilla
del cambio que el mundo necesita.*

PRÓLOGO

La idea de este libro se gestó hace un par de años. En plena pandemia.

Estaba leyendo *12 reglas para vivir*, del controvertido psicólogo Jordan B. Peterson, una especie de guía para conducirnos por esta compleja experiencia vital que llamamos VIDA.

Y pensé: «¡Necesitamos algo así, pero para educar!». Así que le di un par de vueltas, robé algunos consejos a grandes amigos (Juan Luis Rodríguez y Leo Farache) y le expuse la idea a mi editor, Óscar Córdoba, quien se apasionó con el proyecto desde el principio.

No puedo negar que ha sido un arduo trabajo. En primer lugar, lograr embarcar a mis compañeros de viaje: he reunido en este libro a ocho personas maravillosas. Todos ellos son referentes en su área: psicólogos, educadores, comunicadores, filósofos…

Personas a las que admiro, ligadas al mundo de la infancia y la educación, apasionadas por su trabajo y con mucho que enseñar.

En segundo lugar, conseguir una coherencia entre lo aportado por personas de tan distintos ámbitos y enfoques. Puedo afirmar que todos han dado lo mejor de sí, han hablado desde su experiencia profesional y personal, y han volcado en este texto su pasión por la educación. Creo que el resultado es enriquecedor.

Me permito presentarte a mis compañeros de viaje, para que, antes de embarcarte en la lectura de cada capítulo, conozcas quién te habla.

RAFA GUERRERO DARWIN

De Rafa te puedo decir que es uno de los mejores divulgadores de psicología infantil que conozco. Tiene algo especial a la hora de trasladarnos sus conocimientos (amplios, documentados y rigurosos) de forma cercana y amena.
Psicólogo y escritor, estoy segura de que conoces alguno de sus muchos libros o cuentos, como *Educar en el vínculo*, *Cómo estimular el cerebro del niño*, entre otros.

Es experto en EMDR, trauma y apego, en TDHA y otros trastornos del aprendizaje. Recorre el país impartiendo charlas y formaciones para acercar sus amplios conocimientos a los papás y mamás.

Además, es docente universitario y dirige la clínica Darwin Psicólogos en Madrid.

Rafa nos hablará del vínculo de apego, tema del que es experto y que explica maravillosamente bien.

SILVIA ÁLAVA SORDO

Silvia es psicóloga infanto-juvenil, escritora y una gran comunicadora. Estoy segura de que la habrás visto alguna vez en televisión, o tal vez hayas leído alguno de sus libros. La conocí en un congreso internacional de psicología donde ambas presentamos nuestras comunicaciones y enseguida percibí su profesionalidad, su rigurosidad y su amplio conocimiento de la crianza y la educación.

Es doctora en Psicología Clínica y de la Salud, y tiene más de veintiún años de experiencia en las áreas sanitaria y educativa. Es profesora universitaria y divulgadora científica; colaboradora en medios de comunicación; directora del Centro de Psicología Álava Reyes; autora de varios libros, y Premio de Comunicación del Colegio Oficial de la Psicología de Madrid.

Silvia nos hablará de cómo educar hijos felices, tema del que sabe mucho y sobre el que ha escrito dos libros.

LEO FARACHE KING

Leo es el único humanista que conozco. Él se ríe cuando se lo digo porque no se lo cree. Pero debería. Está ligado desde hace años al mundo de la educación debido a que es el fundador de Educar es Todo, una plataforma educativa que a buen seguro conoces. Debe ser una de las personas que más libros sobre educación ha leído, más charlas y conferencias sobre crianza ha escuchado y que más ha conversado con los mayores exponentes en educación de este país. Te dejo una pequeña biografía para que lo conozcas un poco más.

Nacido en Madrid, de la añada del 63. Su vida profesional ha estado ligada al mundo de la comunicación, gestión y marketing. Ha dirigido algunas empresas y escrito tres libros (*Los diez pecados capitales del jefe*, *Gestionando adolescentes* y *El arte de comunicar*). Ha ejercido de profesor —«una profesión que nos tenemos que tomar todos más en serio»— en la Universidad Carlos III, UAM y ESAN (Lima), entre otras instituciones educativas. Es padre de tres hijos y ha encontrado en la educación su elemento. Fundó en 2014 la empresa Educar es Todo, desde donde opera esta iniciativa cuyo objetivo es ofrecer ideas e inspiración educativa a madres y padres que quieren saber más para educar mejor. Un pensamiento suyo: «La educación, o su ausencia, es lo que define lo que somos».

Leo nos hablará de la importancia de la comunicación en la educación.

BEGOÑA IBARROLA

Tener a Begoña Ibarrola en este proyecto es un regalo y algo que me provoca mucha alegría porque mis hijos han crecido escuchando cómo les leía sus cuentos.

Licenciada en Psicología por la Universidad Complutense de Madrid, ha trabajado como psicóloga y musicoterapeuta con niños y adolescentes con discapacidad psíquica y problemas de conducta.

Lleva cuarenta y cinco años impartiendo formación al profesorado y a las familias sobre musicoterapia, inteligencias múltiples, inteligencia emocional, educación de las emociones y neuroeducación. Es conferenciante internacional y asesora en numerosos proyectos educativos.

Comenzó a escribir cuentos para sus pacientes, sin pensar en publicar, pero ya tiene más de 270 cuentos publicados en seis editoriales, traducidos a once idiomas, y dos libros para profesores.

En su capítulo nos educa emocionalmente, para que podamos educar a su vez a nuestros hijos. Estoy segura de que te va a aportar mucho sobre inteligencia emocional.

MARINA MARROQUÍ

Es una suerte tener a Marina en este proyecto, ya que es una experta en igualdad y una gran divulgadora.

Es educadora social, experta en violencia de género y autora de *Eso no es amor: 30 retos para trabajar la igualdad.*

Ha realizado talleres de prevención de violencia de género en la adolescencia a más de cien mil jóvenes y ha formado, entre otros profesionales, a Policía Nacional, Fiscalía, sistema sanitario, educativo y penitenciario.

Por su labor ha sido galardonada con el Premio Ana Tuto, el reconocimiento Menina a la lucha contra la violencia de género, y ha sido reconocida como una de las veinticinco mujeres más importantes de la historia de la Comunidad Valenciana.

Marina pondrá el foco en su capítulo en enseñarnos a educar desde la igualdad, previniendo así desde el nacimiento las limitaciones que ciertas conductas sexistas imponen a nuestros hijos, y en la prevención de la violencia de género.

DIANA JIMÉNEZ

Me gusta de Diana su enfoque educativo desde la disciplina positiva. Es una gran divulgadora de este método y tiene gran experiencia en su campo.

Diana Jiménez es psicóloga, entrenadora y educadora certificada en disciplina positiva, en el aula, primera infancia, familia y organizaciones. Adlerian counselor y madre de familia numerosa.

Veinte años de experiencia con niños y adolescentes, trabajando como docente, psicóloga especializada en infancia y juventud. Además, imparte talleres y programas formativos para educadores, madres y padres, tanto presencial como online.

Es autora de varios libros sobre crianza.

Diana nos transmitirá la importancia de educar desde la disciplina positiva y los beneficios que esta forma de crianza tiene tanto para el niño como para el vínculo familiar.

PEDRO GARCÍA AGUADO

Pedro no necesita mucha presentación, ya que es una persona muy mediática, vinculado a la divulgación y comunicación desde hace años. No obstante, recordaré alguno de los logros de este luchador, ejemplo de superación y aprendizaje:

- Campeón Olímpico en 1996 y del Mundo en 1998 de Waterpolo.
- Medalla de Oro de la Real Orden al Mérito Deportivo. 10 libros publicados.
- Presentador de programas de TV de máxima audiencia, como Hermano mayor.
- Colaborador en radios generalistas. Actor de corto. Conferenciante.
- Director general de la Juventud en la Comunidad de Madrid de sept. del 2019 a feb. del 2020.
- Actualmente cursando el doble grado de Psicología y Criminología en la UFV.
- Recuperado de la adicción.

Pedro nos hablará desde su experiencia y sus propias vivencias. De una manera cercana nos ayudará a poner el foco en la prevención para sortear uno de los mayores miedos de todo padre o madre: que, cuando lleguen a la adolescencia, nuestros hijos se desvíen del camino y abusen de drogas, alcohol u otras adicciones.

GABRIEL GARCÍA DE ORO

Hace ya bastantes años, tomó la mejor decisión de su vida: Licenciarse en Filosofía. Más tarde, su relato le llevó al mundo de la publicidad, donde actualmente es Director Creativo Ejecutivo y Strategy Advisor en Ogilvy Barcelona. Por el camino, algunos relatos se convirtieron en libros.

Ha publicado más de 40 obras, sobre todo de literatura infantil y de crecimiento personal. También ha publicado artículos en tribunas como *CuerpoMente* o *El País Semanal*. Sigue aprendiendo a contar y a contarse: Es Coach Certificado por la Federación Internacional de Coaching y también, (y de esto está muy orgulloso), cinturón verde de Mugendo. Recientemente se ha convertido en socio fundador de Fantástica School, la primera escuela dedicada a la formación integral de Storytelling orientada a la transformación de personas y negocios.

ÚRSULA PERONA

Por último, yo misma.

Soy psicóloga clínica infanto-juvenil, docente universitaria y mamá de tres niños.

Dirijo desde hace más de quince años el Instituto Úrsula Perona en Alicante, centro de psicología avanzada. He escrito varios libros sobre crianza y cuentos infantiles, y soy colaboradora habitual en medios de comunicación, además de conferenciante.

En mi capítulo os hablaré del amor. Ese sentimiento intangible sin el que el ser humano no puede vivir. Os hablaré de la importancia de aprender a amar incondicionalmente a vuestros hijos y de fomentar en ellos una saludable autoestima, ya que estoy convencida de que la relación con uno mismo es la base de todas las demás y un ingrediente imprescindible para la felicidad.

★   ★

Ojalá hubiera tenido este libro entre mis manos hace años, cuando mis hijos eran pequeñitos y andaba desorientada, llena de dudas, viviendo la maternidad con angustia e inseguridad. Ojalá lo hubieran leído mis padres.

Ahora tú lo tienes entre tus manos, y sé claramente que estamos sembrando una semilla. Algo de este libro quedará en ti y afectará a la forma en que educas a tus hijos. Pequeños cambios, a veces, suponen enormes diferencias.

Y si, como dijo mi amiga Eva Toledo, un solo niño, una sola familia, se nutre de él y mejora su vida, ya me habré dado por satisfecha.

La crianza consciente implica conocimiento, respeto, ciencia, dedicación.

Conlleva el compromiso firme de convertirte en un padre o una madre consciente y respetuosa.

Consciente de que la tarea de educar es la más TRASCENDENTE que harás en la vida.

Consciente de que tienes un papel decisivo en el desarrollo de tus hijos, y esa es una gran RESPONSABILIDAD.

Consciente de que vivimos en un mundo complejo, exigente, apresurado…, pero que otra crianza es POSIBLE.

Consciente de que esta generación de mamás y papás vamos a cambiar la sociedad educando a nuestros hijos de otra forma: desde el respeto, desde la sensibilidad, desde el CONOCIMIENTO.

Consciente de que esta tarea es maravillosa, pero retadora, y muchas veces cansada: pero que VALE LA PENA.

Espero que disfrutes leyendo este libro como lo he disfrutado yo.

Gracias a Rafa Guerrero Darwin, Leo Farache, Silvia Álava Sordo, Diana Jiménez, Marina Marroquí, Begoña Ibarrola, Pedro García Aguado y Gabriel García de Oro por acompañarme en este viaje hacia una CRIANZA CONSCIENTE.

Úrsula Perona. Enero de 2023.

CAPÍTULO 1
EDUCAR PARA AMAR Y AMARSE

Úrsula Perona

ESTO VA DE AMAR

Una de las cosas que más nos hacen sufrir a lo largo de la vida es no saber amar bien: tanto a los demás como a nosotros mismos. La falta de autoestima (del latín, «amor a uno mismo») nos condena desde la niñez a una lucha interna y un desasosiego que nunca encuentra descanso. Lo sé bien, además de por experiencia propia, por la cantidad de niños y adolescentes con los que trabajo. Y también sé el importante peso que los padres tenemos en el desarrollo de la misma.

Sobre el amor a los demás, también se puede aprender a amar bien: amores sanos, equitativos, no basados en la dependencia, sino en el respeto y la reciprocidad. Amores que nutren y llenan la vida. No amores que hagan daño. Y en eso los progenitores tampoco andamos cortos de responsabilidad. Somos el modelo en el que nuestros niños aprenden a amar en pareja, amar a los hijos y a los demás.

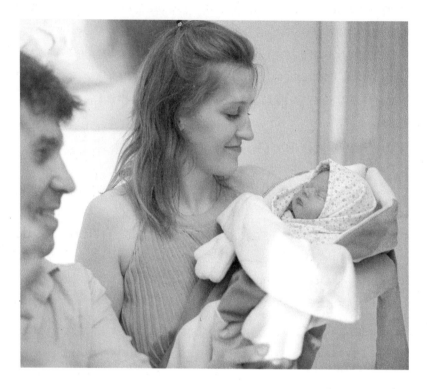

El amor en su experiencia más plena se descubre cuando ves por primera vez a tu hijo. Cuando miras a ese ser frágil, ese milagro que ahora sostienes en brazos, cualquier forma de amor que hayas sentido antes se vuelve insignificante. Y debe ser así, porque, si no nos enamoráramos completamente de ese pequeño ser, seríamos incapaces de soportar el peso de la crianza: «El amor todo lo puede». Y nunca esta frase tuvo tanto sentido: noches sin dormir, horas de llanto, preocupaciones por su salud, cansancio físico, emocional, desgaste… La crianza es la tarea más ardua que llevamos a cabo en la vida, y creo que también la más larga. Así que sin ese montón de amor sería imposible la entrega que se requiere para que ese ser de luz que acunamos en el regazo pueda convertirse en adulto sano, equilibrado y feliz.

Es también la más gratificante, porque, sin duda, nadie nos va a querer (al menos durante la infancia) como lo hacen nuestros hijos: con total lealtad, admiración y dulzura. El amor de un hijo te hace sentir necesario, te hace sentir pleno, aporta sentido y trascendencia a tu vida. Es un amor puro, inocente, cristalino. Es un amor limpio.

Luego crecen, y ese amor que no tiene por qué decrecer cambia. Ya no es tan inocente ni tan idealizado. Pero es bonito también, es nuevo, es un amor más maduro, más de igual a igual, y nos obliga a ser más críticos con nosotros mismos, a mejorar, a aprender a amar como nuestros hijos, ya despuntando su personalidad, necesitan.

LA IMPORTANCIA DEL PRIMER AMOR

El primer amor que experimenta un niño es el amor de sus padres. Este amor es distinto a cualquier otro porque tiene algo que no se da en ningún otro tipo de relación: es incondicional. O, al menos, debería serlo. Un amor incondicional no depende de nada, no espera nada, no tiene condiciones. Quieres a tu hijo por el mero hecho de existir. Independientemente de cómo sea, de su personalidad, de su aspecto físico o de su desempeño.

Esto no significa que tengan que gustarte todos los aspectos de tu pequeño ni que te parezca bien todo lo que haga, o que no le tengas que poner límites y corregir. Esto significa que, independientemente de todo ello, por encima de todo ello y pese a todo ello, lo amas.

Solo el amor incondicional nos permite conocer y entender en profundidad a nuestro hijo, respetarlo tal cual es y acompañarlo en su propio camino.

Los niños que no se sienten aceptados y amados incondicionalmente arrastran heridas durante toda su vida. Su niño interior sigue vivo, anhelante de amor y aprobación. Cuando trabajo en terapia con pacientes ya adultos sobre sus heridas de la infancia, te sorprendería ver la intensidad de sus emociones al revivir ciertas experiencias relacionadas con sus padres. Uno de los ejercicios que hacemos es la «Carta del niño herido», dirigida a sus padres. Me permito compartir algunas de ellas contigo:

Crecí pensando que era mala. Me insultabas, yo solo era una niña. Pensaba que no valía nada, como tú me decías. Y que tenía que hacer algo para que me quisieses. Parecía que algo en mí no estaba bien si mi propio padre no era capaz de amarme. He seguido buscando la aprobación y mendigando el amor de los demás porque fue lo que tú me enseñaste.

★

Querida mamá:
Siento mucho que fueras tan exigente conmigo, porque me hiciste sentir que nunca hacía lo sufi-

ciente ni llegaba a cumplir tus expectativas. Apenas jugabas conmigo, siempre atareada. No te interesaban mis emociones, solo mis logros académicos, que tuviera ordenada la habitación y que no molestara demasiado. Si supieras lo solo que me sentí durante mi infancia... y cuánto hubiera necesitado más abrazos, más juegos y menos gritos.

★

A mis padres:
Sentir que no me aceptabais como soy me hizo huir emocionalmente de la familia, y también de mí mismo. Me debatí durante años en una lucha interna entre aceptar y reivindicar mi verdadera naturaleza o cumplir con vuestras expectativas y no decepcionaros. Yo mismo me rechazaba porque vosotros me rechazabais. Si me hubierais querido como soy, yo también me habría podido amar a mí mismo.

★

Era una niña nerviosa y atolondrada. Todo se me caía de las manos, metía la pata constantemente. Se me olvidaba hacer la tarea, me dejaba los libros en clase y no recibía más que regañinas. Solo era una niña traviesa, alegre, soñadora, que quería dibujar, correr e imaginar mundos maravillosos. Apenas tenía ocho años: ¿qué tan importante podría ser no hacer el deber y olvidar la agenda? Pero crecí escuchando una y otra vez que era un fastidio para mis padres y que les decepcionaba constantemente. Ahora soy abogada (finalmente no pareció importar tanto mi ensoñación y mis despistes), pero a menudo sigo sintiendo que no estoy bien como soy, que soy torpe, que voy a olvidar algo o a fallar, que no doy la talla.

¿Se puede recuperar uno de esas heridas? A veces, sí. Pero con mucho trabajo, y con sufrimiento. Sin embargo, prevenirlo es mucho más fácil.

¿Cómo se hace eso?

En primer lugar, sintiendo ese amor incondicional que necesita tu hijo de manera genuina y sincera. Es imposible fingirlo. Si no lo sientes así, tranquilo. Es posible trabajarlo. Identificar qué puede estar impidiéndote amar incondicionalmente a tu hijo y, desde la consciencia, cambiarlo.

Empieza por preguntarte qué no aceptas de tu hijo y por qué. A quién te recuerda. O si estás proyectando tus expectativas (basadas en tus frustraciones, carencias o heridas) en él. Cuanto más feliz y realizada te sientas contigo misma y con tu vida, más aceptarás a tus hijos tal cual son.

La base de ese amor será el vínculo de apego, del que Rafa Guerrero nos hablará en el siguiente capítulo. Pero, además de trabajar para que el vínculo con nuestro hijo sea sólido y seguro, hay algunas otras cosas en las que deberemos poner atención.

Así que esto va de amar, amar bien, y de que nuestro hijo reciba ese amor.

¿Qué quiere decir esto?

Que todas las personas no hablamos el mismo lenguaje del amor. El psicólogo Gary Chapman nos descubrió en sus teorías que es muy importante que conozcamos las distintas formas de expresar amor y con las que más conecta nuestro hijo. Cada persona expresa sus sentimientos a través de una o varias de estas formas, y, si no somos capaces de «conectar», de transmitir el amor en el lenguaje que nuestros hijos entienden, no les llegará. Por mucho que los queramos.

Los cinco lenguajes del amor de los niños según Gary Chapman (1997):

- Contacto físico: besos, abrazos, caricias... Es la forma primaria de expresar afecto. Es un lenguaje universal (o casi) del amor. Porque también hay personas que no disfrutan del contacto físico, o incluso les incomoda.

- Palabras de afirmación: tanto para mostrar nuestros sentimientos («Te quiero»; «Estoy orgullosa de ti»; «Eres importante para mí»...) como elogios y palabras de aliento.

- Actos de servicios: cuidar. Personalmente, no entiendo el amor sin el cuidado y, en el caso de nuestros hijos, más aún. Ayudarlos con los deberes, hacerles su cena favorita, darles un baño relajante...

- Regalos: es otra de las formas en las que el ser humano expresa el amor. ¡Qué gratificante es regalar! Una pequeña dosis de felicidad. Y no hace falta que sean cosas materiales. Puedes regalarle una experiencia (salir a merendar a su pastelería favorita), traerle algo de un viaje, una notita especial en su táper del cole, una foto juntos...

- Tiempo de calidad: sin duda, imprescindible. El tiempo es el bien más preciado que tenemos. Cuando le dedicamos tiempo a nuestros hijos, estamos haciéndoles un regalo maravilloso que sin duda valorarán y es una muestra de amor inequívoca. El mensaje que les envías cuando compartes tiempo con ellos es que te gusta estar con ellos, te enriquece y te hace feliz. Además, es imposible educar sin estar.

Como te decía, cada persona (y, por supuesto, cada niño) tiene uno o dos lenguajes principales del amor. Conocer cuáles son los de tu hijo te permitirá adaptarte a su lenguaje del amor y hacerle sentir querido en la forma en que él o ella entiende. Por ejemplo, un niño puede disfrutar enormemente con el contacto físico, y a otro tal vez no le guste y, sin embargo, le encanta pasar tiempo haciendo algo contigo. El niño extrovertido disfrutará conversando; sin embargo, el niño tímido no querrá muchas conversaciones o preguntas, pero tal vez valore más pasar un rato jugando al ajedrez en silencio. Es muy importante conocer bien a tu hijo y adaptarte a lo que necesita según su personalidad.

ESTO VA DE QUE APRENDAN A AMARSE

Todo empieza en ti

La autoestima de tu hijo empieza en tu propia autoestima. La manera en que te quieres, te aceptas y te hablas a ti mismo. La opinión que tienes de tu persona, de tu rol como madre o padre. La manera en que te quisieron tus padres, tus heridas y huellas de la infancia.

Todo ello afectará de una forma u otra a tu hijo. No lo dudes. Así que, respecto al amor, también, todo empieza en ti.

Te animo a tratar de responder a estas preguntas. Puedes hacerlo por escrito (el proceso reflexivo será más profundo), y en tus propias respuestas estará la clave de si es un aspecto que necesitas trabajar en ti mismo. Trata de explicar o poner ejemplos en las respuestas, no te limites a contestar sí o no.

¿Te sientes buen padre o madre?

¿Notas que repites en la crianza patrones educativos de tus padres que no te gustaban?

¿Tienes una buena opinión de ti mismo?

¿Te gusta cómo eres?

¿Te hablas a ti mismo con un lenguaje de reproches, culpa y juicio negativo?

¿Te cuesta poner límites a los demás?

¿Te sentiste amado incondicionalmente por tus padres?

¿Te sientes inseguro o con miedo de no gustar a los demás?

¿Temes que tu hijo pueda llegar a no quererte?

Tal vez ya tenías identificado que andabas con un déficit de autoestima, o puede que al responder a estas preguntas te des cuenta. En cualquier caso, todo trabajo en ti mismo será la mejor inversión que puedas hacer para tus hijos. Tal vez te cueste asimilar esto al principio (¿qué tiene que ver?), pero es así. Cuanto más tiempo, recursos y energía dispongas en tu crecimiento personal, en sanar tus heridas y conocerte, mejor padre o madre serás. Porque criar y educar va mucho de ti.

«Aprende a conocerte y amarte,
y solo entonces podrás amar de verdad».

Lees este libro porque quieres lo mejor para tus hijos. De eso no me cabe duda. Afrontamos una crianza exigente y complicada. Una época social convulsa, llena de retos, estrés, escaso tiempo, exigencias e idealizaciones, y mucha inseguridad. Así que necesitamos cuidarnos mucho, para poder cuidar bien.

La autoestima de tus hijos depende de ti

Esto es cierto, pero solo en parte. La autoestima o amor a uno mismo tiene varios componentes que te voy a explicar a continuación. Algunas de esas facetas vienen determinadas genéticamente y por los rasgos de personalidad. Los estudios indican que en torno al 30 % de nuestra autoestima depende de nuestros genes.

El otro 70 % tiene que ver con el entorno: padres, educación, valores, vivencias, traumas…

Eso en realidad es una buena noticia. Porque, como padres, tenemos mucho peso en la conformación de la autoestima de nuestros hijos. No solo va a depender de nosotros, sin duda, pero podemos hacer mucho.

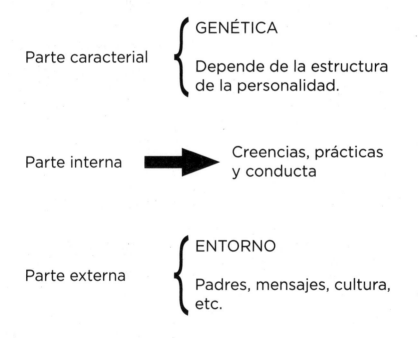

Parte caracterial
{
GENÉTICA

Depende de la estructura de la personalidad.

Parte interna ➡ Creencias, prácticas y conducta

Parte externa
{
ENTORNO

Padres, mensajes, cultura, etc.

Desde que nace tu hijo empieza a hacerse una idea sobre sí mismo a través de la información que le das. La forma en que lo cuidas, le muestras afecto o le hablas va a quedar grabada en su subconsciente desde antes de nacer. Y esos patrones emocionales grabados en su subconsciente serán los que guiarán su forma de actuar y de amar. Puedes observar a continuación cómo influye tener una buena o mala autoestima:

AUTOESTIMA POSITIVA	AUTOESTIMA NEGATIVA
Actuar con independencia	Sensación de impotencia
Asumir responsabilidades	Sentir que los demás no valoran al sujeto. Echar la culpa a otros
Afrontar nuevos retos	Evadir situaciones que provoquen ansiedad
Reconocer los logros	Dificultad para reconocer talentos
Expresar mayor repertorio de afectos	Escasa expresión de afectos
Tolerancia a la frustración	Actitud defensiva y con poca tolerancia a la frustración
Capacidad de influir en otros	Influenciable por los demás

Pero no solo de amor se nutre la autoestima…

Una de las cosas que más fortalecen la autoestima de un niño es ver que es capaz de hacer cosas por sí mismo. Observar los resultados de sus acciones. Conseguir pequeñas metas (o grandes) y superar adversidades.

¿Sabes cuál es el enemigo número uno de todo esto?

La sobreprotección

Cuando vives en la ansiedad de evitar todo sufrimiento a tu hijo, impides su desarrollo. Cuando controlas cada paso que da «para que no se olvide», «para que no falle», «para que no suspenda» o «para que no sufra», arruinas su autoestima.

Cuando no lo dejas elegir (aunque se equivoque), tomar decisiones (aunque no sean acertadas) y tropezar (aunque se caiga)..., le impides aprender. Le impides crecer, sentirse capaz de resolver problemas, y le impides mejorar.

No hay nada más limitante para un hijo que el miedo que le transmitimos a que sufra. Y vaya por delante que nadie quiere ver sufrir a sus hijos, pero es que a menudo confundimos cualquier emoción negativa (frustración, decepción, tristeza...) con el sufrimiento. El sufrimiento es otra cosa: es un sentimiento de dolor profundo y duradero, mantenido en el tiempo.

- Cuando permites que tu hijo olvide su libro y no vas corriendo a llevárselo al colegio, tu hijo no sufre: aprende a revisar su mochila antes de salir.

- Cuando no preguntas a las otras mamás los deberes en el grupo de WhatsApp y le falta una tarea, tu hijo no sufre: aprende a apuntar los deberes en la agenda.

- Cuando no interfieres por él, anticipándote a los acontecimientos, tu hijo no sufre: aprende sobre la vida y la gestión de emociones.

¿Te suena? Seguro que sí. Pues empieza a soltar toda esa carga, porque no lo estás protegiendo de nada, en realidad le estás haciendo sentir poco capaz, que no confías en él y que no puede hacer las cosas por sí mismo. Estás, precisamente, haciendo aquello que temes: convirtiéndolo en un ser vulnerable, dependiente, con baja autoestima e inseguro.

Sentir todas esas emociones de las que intentas protegerlo es necesario para que se desarrolle y madure emocionalmente, para que se conozca, aprenda a autorregular sus emociones y a conducirse por la vida.

«No hay palabra inocua», o cómo la profecía autocumplida daña la autoestima de tus hijos.

Lo que piensas sobre tu hijo, las palabras que viertes sobre él, las etiquetas o apelativos y las expectativas determinarán en gran parte la persona en la que realmente se convertirá. Este fenómeno inconsciente, por el cual las personas desarrollamos mecanismos psicológicos para cumplir con las «expectativas y creencias» que los demás tienen sobre nosotros, se conoce como «profecía autocumplida» o «efecto Pigmalión».

Si llamas a tu hijo «vago», consideras que es un perezoso y que, como siga así, no llegará a nada en la vida, posiblemente le estés enviando mensajes que transmiten esas creencias. Esos mensajes van a tener el poder de hacer que tu hijo se comporte según lo que se espera de él, que, en este caso, sería un perezoso y un vago.

¿Y por qué sucede esto? Porque, cuando vemos que la otra persona no confía en nosotros o no cree que seremos capaces de lograr algo, desarrollaremos una baja autoestima, plagada de creencias negativas sobre nosotros, limitantes, que al final son las que guían nuestra conducta.

Hay un experimento muy conocido en psicología que llevaron a cabo en 1968 Rosenthal y Jacobson.

Se comunicó a los profesores de un colegio que se habían pasado pruebas de inteligencia a los alumnos, y se les informó de cuáles de ellos habían obtenido mejores resultados y, por tanto, tendrían mejores resultados académicos.

Y eso es exactamente lo que ocurrió: los alumnos que habían sido tildados de «muy inteligentes» obtuvieron muy buenos resultados a final de curso. Pero no era cierto: no se les había pasado ninguna prueba ni eran más inteligentes que el resto: fueron elegidos al azar. ¿Qué demostró este experimento? Que los profesores habían creado altas expectativas hacia estos alumnos, confiando en sus capacidades, e inconscientemente actuaron para que se cumpliesen.

Esto hizo a su vez que los propios alumnos supuestamente «inteligentes» mejoraran su autoestima: sus creencias positivas sobre ellos mismos aumentaron y se sintieron capaces de sacar buenas notas. Y se comportaron para que ello sucediese.

Porque... ¿sabes una cosa? Tu mente está diseñada para vivir de forma coherente. No le gustan nada las disonancias. Así que, si piensas que eres valiente, por ejemplo, tu conducta se alineará para cumplir esa creencia. Te comportarás de forma que pensamiento y conducta estén alineados. Así que aprende a pensar bien y enseña a tus hijos a pensar bien.

Ahora, piensa por un momento si los mensajes que transmites a tu hijo son mensajes de validación, de confianza en él, en su ritmo y su proceso, de aceptación plena de su personalidad..., o todo lo contrario.

Lo bueno que tiene la profecía autocumplida es que también funciona en positivo. Es decir, que, si confías en tu hijo, en sus cualidades y sus potencialidades, y crees en él, lo empoderarás y sentirá que es una persona valiosa y capaz de conseguir sus metas.

Esto no significa caer en la grandiosidad ni distorsionar sus habilidades o cualidades.

Significa amar el ser genuino que es y su enorme potencial de desarrollo. Significa confiar, acompañar, potenciar y validar para que tu hijo tenga una sana y estable autoestima.

Te animo a realizar esta actividad con tus hijos. Pídeles que se dibujen en el centro de un folio y haz cuatro cuadrantes alrededor. En cada uno de ellos, debe contestar a las siguientes preguntas:

¿Cómo me ven mis padres?

¿Cómo me ven mis amigos?

¿Cómo me veo yo?

¿Cómo me gustaría verme?

Tal vez te sorprendan las respuestas...

¿Cómo soy?

AMAR AL OTRO. AMAR LA VIDA. VIVIR CON PASIÓN

Creo que no me equivoco al decir que todos queremos para nuestros hijos una vida bonita, exitosa, feliz. Deseamos que nuestros hijos crezcan sanos, disfruten la amistad, el amor de pareja. Soñamos con que estudien y trabajen en algo que los satisfaga, que tengan una vida buena.

Pero, para tener una buena vida, para tener éxito en la vida, se necesita una sana autoestima. Ello les permitirá lograr sus objetivos y metas; orientarse al crecimiento personal y al desarrollo de su potencial; estar en sintonía con lo que de verdad son. Les ayudará a afrontar los problemas, a aprender de los fracasos y a evolucionar.

El ser humano es un animal gregario. Estamos diseñados filogenéticamente para vivir en sociedad, para desarrollar lazos emocionales con otras personas y nutrirnos y apoyarnos en nuestra red de apoyo social. Así que necesitamos también a los otros, a los demás, para alcanzar ese desarrollo pleno.

Si tu hijo tiene una sana autoestima, si se ama bien, tendrá relaciones sociales más plenas. Será capaz de establecer vínculos sanos de pareja y de amistad. Equilibrados. La autoestima está en la base de la inteligencia emocional, y ella es la que nos ayuda a autorregular nuestras emociones, a desarrollar unas adecuadas habilidades sociales y comunicativas (de las que nos hablará Leo Farache en otro capítulo), que, al final, son la esencia de las relaciones humanas.

Espero haberte sabido transmitir cuán importante es que ames mucho a tu hijo y que lo ames bien. Que se lo demuestres todos los días de tu vida. Y que lo ayudes a amarse a él mismo.

Me gustaría terminar este capítulo con este maravilloso poema de Charles Chaplin. Uno de los que siempre me emociona al leerlo. Espero que lo disfrutes.

CUANDO ME AMÉ DE VERDAD

Cuando me amé de verdad
comprendí que en cualquier circunstancia,
yo estaba en el lugar correcto, en la hora correcta,
y en el momento exacto, y entonces, pude relajarme.
Hoy sé que eso tiene un nombre… **Autoestima**.

Cuando me amé de verdad,
pude percibir que mi angustia,
y mi sufrimiento emocional, no es sino una señal
de que voy contra mis propias verdades.
Hoy sé que eso es… **Autenticidad**.

Cuando me amé de verdad,
dejé de desear que mi vida fuera diferente,
y comencé a aceptar todo lo que acontece,
y que contribuye a mi crecimiento.
Hoy eso se llama… **Madurez**.

Cuando me amé de verdad,
comprendí cuan ofensivo puedo ser
al tratar de forzar mis deseos en alguien,
aun sabiendo que no es el momento,
o la persona no está preparada, inclusive yo mismo.
Hoy sé que el nombre de eso es… **Respeto**.

Cuando me amé de verdad,
comencé a librarme de todo lo que no fuese saludable:
personas, situaciones y cualquier cosa
que me empujara hacia abajo.
De inicio mi razón llamó a esa actitud egoísmo.
Hoy se llama… **Amor Propio**.

Cuando me amé de verdad,
dejé de temer al tiempo libre
y desistí de hacer grandes planes,
abandoné los megaproyectos de futuro.
Hoy hago lo que encuentro correcto, lo que me gusta,
cuando quiero, y a mi propio ritmo.
Hoy sé que eso es… **Simplicidad y Sencillez.**

Cuando me amé de verdad,
desistí de querer tener siempre la razón,
y así erré menos veces.
Hoy descubrí que eso es… **Humildad.**

Cuando me amé de verdad,
desistí de quedarme reviviendo el pasado,
y preocupándome por el futuro.
Ahora, me mantengo en el presente,
que es donde la vida acontece. Hoy vivo un día a la vez.
Y eso se llama… **Plenitud.**

Cuando me amé de verdad,
percibí que mi mente puede atormentarme y decepcionarme.
Pero cuando la coloco al servicio de mi corazón,
ella tiene un gran y valioso aliado.
Todo eso es… **Saber Vivir.**

No debemos tener miedo de cuestionarnos,
de hecho hasta los planetas chocan,
y del caos suelen nacer la mayoría de las estrellas.

Charles Chaplin

CAPÍTULO 2
EDUCAR DESDE EL APEGO

Rafa Guerrero

«El fuego puede calentar o consumir; el agua, saciar o ahogar; el viento puede acariciar o arrancar... Lo mismo sucede con las relaciones humanas: podemos tanto crear como destruir, criar o intimidar, traumatizarnos o curarnos los unos a los otros».

Bruce Perry

LA IMPORTANCIA DE LA RELACIÓN MADRE-BEBÉ

El ser humano, como especie altricial que es, nace tremendamente inmaduro y vulnerable. La madre da a luz a su bebé bastante tiempo antes de que su cría esté preparada para manejarse de manera autónoma y segura por la vida.

Son muchos los peligros con los que se puede encontrar un recién nacido que lo pueden herir, traumatizar e, incluso, costarle la vida.

Es por ello por lo que, desde antes de nacer, el ser humano es un animal que depende de los adultos que lo rodean para tener una buena salud mental, así como para sobrevivir. Sin la presencia de, al menos, un adulto sensible, el recién nacido no sobreviviría. Gracias a la presencia del adulto, su capacidad para conectar con las necesidades del menor y la manera respetuosa de cubrir dichas necesidades, lograremos, con el paso de los años, transitar de la más absoluta dependencia a un estado de autonomía, donde seremos capaces de valernos por nosotros mismos, con momentos en donde tendremos que pedir ayudar. Solo se alcanza la autonomía, o la interdependencia, desde la dependencia y mediante el vehículo de los buenos tratos.

Como mamíferos que somos, no podemos sobrevivir sin el contacto y la presencia de un adulto significativo que sea sensible a las diferentes necesidades que tenemos. Necesitamos, a diferencia de los reptiles, un progenitor o adulto desde antes del nacimiento. No somos capaces de valernos de nosotros mismos sin la ayuda de, al menos, un adulto que se haga cargo de nosotros. Se ha visto que las crías de terneros y corderos nacen lo suficientemente desarrolladas motrizmente como para moverse por su propia cuenta a las pocas horas de haber nacido. Sin embargo, el ser humano nace con una capacidad de movimiento tan escasa que no puede seguir a su madre allá donde esta vaya, necesitando de varios meses para poder moverse libremente. Aun así, como bien sabéis, en nuestra especie, a pesar de tener ya adquirida esa capacidad de motricidad, solemos quedarnos lo bastante cerca de nuestra madre como para poder ser ayudados en caso de peligro.

Buenos
tratos

Dependencia ————————————➤ Autonomía
(neonato)

Estamos viendo lo importantes que son la presencia y la conexión del adulto para una buena salud emocional del menor y para que pueda sobrevivir. Afortunadamente, son muchos los estudios que avalan estas ideas y que ponen de manifiesto las terribles consecuencias que tiene el hecho de que un bebé no sea atendido por un adulto de manera sensible y sostenida en el tiempo. Anna Freud y Dorothy Burlinghan ya describían en los años 40 cómo reaccionaban los bebés cuando se les separaba de su madre en las escuelas infantiles de Hampstead (Londres). Pocos años después, concretamente al finalizar la Segunda Guerra Mundial, la Organización Mundial de la Salud (OMS) le encarga al británico John Bowlby un informe sobre la salud mental de los niños sin hogar. En 1951 Bowlby reflejaba en el informe lo siguiente: «Consideramos esencial para la salud mental que el bebé y el niño pequeño tengan la vivencia de una relación cálida, íntima y continuada con la madre (o sustituto materno permanente), en la que ambos hallen satisfacción y goce». La gran mayoría de investigaciones posteriores llegan a conclusiones muy parecidas a las de Bowlby, donde se ponen de relieve la presencia y la sensibilidad del adulto a la hora de satisfacer las necesidades del menor. Una vez justificadas la presencia y la capacidad empática del adulto para atender las diferentes necesidades del menor, pasaremos a explicar cuáles son las consecuencias que tienen el estrés y los acontecimientos traumáticos en la infancia.

LOS EFECTOS ADVERSOS DEL ESTRÉS SOBRE EL DESARROLLO DEL NIÑO

Piensa cómo se siente un bebé cuando está jugando con su padre; cuando su mamá le está dando el pecho o el biberón, o cuando su cuidador principal lo está abrazando. Seguramente se encuentre tranquilo, feliz y relajado, ¿verdad? Esta es la sensación que nos produce a todos ser atendidos y queridos por nuestras figuras de apego. Los padres siempre nos planteamos como objetivo en la crianza de nuestros hijos que el día de mañana sean capaces de autorregularse emocionalmente, controlar sus impulsos y tener una sana autoestima. La clave para conseguirlo está en cubrir de manera suficiente y respetuosa las diferentes necesidades que presentan nuestros hijos en la presente etapa. Es decir, si los adultos nos encargamos de calmar a nuestros hijos cuando sienten miedo, de alimentarlos cuando tienen hambre y de validarles su enfado cuando algo les parece injusto, estaremos yendo por el buen camino, ya que estaremos fomentando su autorregulación emocional y el control sobre sus propias vidas. Ahora bien, ¿qué ocurre si los padres de un chiquitín no conectan con sus necesidades afectivas? ¿Qué pasaría si no atienden sus llamadas de atención ni su llanto? Es más que probable que esto tenga consecuencias tanto a corto como a largo plazo. Los efectos del estrés son más que conocidos.

Los neonatos y los niños pequeños están analizando de manera inconsciente en todo momento lo que les rodea. Es como si tuvieran una especie de escáner que les hace registrar la situación en la que están, las personas que los rodean, los estímulos y objetos que hay a su alrededor, etc. Siempre están buscando posibles peligros y amenazas, motivo por el cual captan información de nuestro tono de voz, nuestros gestos, caras, emociones, lenguaje no verbal, etc. El cerebro de un bebé es inmaduro, frágil y vulnerable, lo cual implica que es más sensible a los estímulos y personas que están a su alrededor. Tanto las experiencias positivas como negativas van a influir de manera directa sobre el cerebro inmaduro del menor. Este es el motivo por el que solemos decir que los niños pequeños son como esponjas a la hora de aprender y adaptarse a las exigencias del ambiente. Ahora bien, cuando el ambiente y las personas que nos acompañan en el día a día, no son positivas, es probable que esto genere estrés e incertidumbre en el menor. La investigación pone de relieve que el estrés libera adrenalina y cortisol, dos hormonas que en dosis moderadas son adaptativas, pero que en grandes cantidades pueden afectar de manera irreparable al desarrollo del niño.

Ya hemos comentado que el cerebro de un bebé es muy inmaduro y receptivo a lo que haya en el entorno, motivo por el cual el estrés puede causar verdaderos estragos sobre el desarrollo cerebral, social, emocional y de la personalidad del niño. Las experiencias tempranas pueden llegar a modificar la anatomía y la conectividad del cerebro, tanto para bien como para mal. Seymour Levine comprobó que una experiencia estresante en ratas de tan solo unos minutos en los primeros meses de vida puede llegar a modificar la respuesta de la rata al estrés para siempre. Esto no implica que nuestros hijos no deban experimentar estrés, pero sí que debemos ser conscientes de las repercusiones que tienen situaciones que puedan provocar en el menor estrés intenso y prolongado en el tiempo, como puede ser un abandono u otra situación traumática.

EL TACTO: EL SENTIDO OLVIDADO

A la hora de desarrollar los sentidos y la motricidad de nuestros hijos, nos solemos centrar en la vista y en la audición, dejando a un lado el sentido más arcaico: el tacto. No podemos olvidar que los seres humanos somos primates que necesitan del tacto para poder desarrollarse de una manera sana. Sabemos que una hipoestimulación táctil puede tener consecuencias importantes para el desarrollo del menor. El ser humano necesita ser tocado, abrazado y acariciado. Diferentes investigaciones con crías de ratas han demostrado que acariciarlas en sus primeros días de vida tiene importantes beneficios, como un aumento del peso, mayor actividad física y una mayor capacidad para adaptarse a situaciones estresantes. Victor H. Denenberg y Arthur E. Whimbey vieron que las crías de ratas que habían sido tocadas y acariciadas pesaban más en el destete que aquellas crías de rata que no habían sido tocadas durante la lactancia. Pero ya no es que solo tenga beneficios una vez que la cría ha nacido, sino que, como demostraron Werboff, Anderson y Haggett (1968) en un estudio clásico, acariciar a ratonas embarazadas disminuye la probabilidad de que sus crías mueran durante la gestación, en el parto y en los primeros días de vida.

El tacto no es un sentido esencial solamente en mamíferos inferiores, como hemos visto en las ratas, sino que, a medida que ascendemos en la escala evolutiva, también vemos que sigue siendo un sentido realmente importante. Harry Harlow llevó a cabo un famoso y controvertido estudio con un tipo de primates en 1958. Para ello, Harlow separó desde el momento del nacimiento a crías de macacos Rhesus de sus madres biológicas. Les permitía entrar en contacto con dos tipos de madres sustitutivas: una madre de alambre que alimentaba a través de una tetina al monito y una madre suave de felpa pero que no satisfacía la necesidad alimenticia al pequeño macaco.

Harlow vio que las crías pasaban buena parte del día con la mamá artificial de felpa y solamente se separaban de ella para acudir a la madre de alambre cuando estaban hambrientos. Al acabar de comer, regresaban a la madre de felpa. Harlow comentaba en 1959: «Los datos obtenidos demuestran que el contacto con algo suave y agradable constituye una variable de importancia fundamental en el desarrollo de relaciones afectivas hacia la madre sustitutiva y que la alimentación parece desempeñar un papel secundario». El polémico estudio de Harlow y otros muchos más que lo siguieron demostraron que la conexión física es esencial en el ser humano, pero sobre todo en los primeros años de vida. De hecho, Harlow apuntó que la función principal de la lactancia es asegurar el contacto corporal frecuente, íntimo y regular entre el lactante y su madre o figura sustitutiva.

¿QUÉ ES EL APEGO?

Desgraciadamente existen muchos mitos y falsas creencias en relación con el concepto de apego. En ocasiones escucho a madres y padres decir: «Mi hijo me tiene mucho apego»; «Juan tiene un apego positivo», o «Esta niña no tiene ningún apego». Creo entender a lo que se refieren los papás cuando dicen esto, pero nos confundimos utilizando la palabra apego. Como os decía, en ocasiones, utilizamos la palabra apego como sinónimo de amor, cariño o dependencia. Apego no es sinónimo de dependencia. Por ejemplo, en las primeras semanas de vida, el bebé depende de su madre para poder sobrevivir, pero aún no está apegado a ella. Enseguida veremos cuándo está establecida la relación de apego. El concepto científico de apego, que se suele estudiar en profundidad en psicología evolutiva, nada tiene que ver con dependencia ni con amor. Cuando hablamos de apego, nos estamos refiriendo a un tipo de relación especial y emocional que se da entre el menor y sus cuidadores principales. Ya hemos visto que, dada la gran vulnerabilidad con la que nacemos, necesitamos de cuidadores maduros y expertos que se puedan hacer cargo de nosotros. Es por ello por lo que la relación especial que se establece entre bebé y su figura de referencia tiene como objetivo conectar con el menor para cubrir sus necesidades. El apego es un mecanismo que nos ayuda a sobrevivir. La investigación demuestra que en torno a los 10-12 meses ya existe un determinado tipo de apego en el bebé. Alrededor del primer año de vida ya podemos saber si el bebé se relaciona de manera segura, o más bien ansiosa o evitativa. Por ejemplo, gracias a la situación extraña, un procedimiento que ideó Mary Ainsworth para el laboratorio y que veremos más adelante, podemos saber qué tipo de apego tiene el pequeño.

Si las figuras de referencia de los menores, principalmente sus padres, tienen la capacidad de conectar con sus necesidades, validar sus estados emocionales y atender dichas necesidades, es más que probable que desarrollen en su hijo un apego seguro, ya que le estarán transmitiendo que confían en él y que es digno de ser querido. Sin embargo, cuando los padres evitamos las necesidades que presentan nuestros hijos, invalidamos sus emociones y, por lo tanto, no los atendemos como se merecen, lo más probable es que les estemos transmitiendo el mensaje inconsciente de «No confíes en ti mismo», «No eres válido» y «No eres digno de que te ame». De esta manera, los niños que crecen en estos contextos de ansiedad y desprotección no podrán confiar en sus posibilidades y recursos, todo lo vivirán como una amenaza y tendrán altos niveles de estrés y sufrimiento.

La principal función del apego consiste, como bien decía John Bowlby, en protegernos de los peligros y depredadores (Bowlby, 1964). El apego se activa ante situaciones de riesgo o estrés. Ahora bien, no debemos olvidar cuál es la pareja o el complemento de la protección: la autonomía. En un primer momento necesitamos que nuestros padres nos protejan, dado que somos inmaduros y no podemos hacernos cargo de nuestras necesidades. Una vez que han transcurrido unos cuantos años de aprendizaje de destrezas y habilidades necesarias para la supervivencia, ya podremos empezar a valernos por nosotros mismos. Imagina que estás en el campo y, de repente, aparece un toro que viene corriendo hacia ti. ¿Qué harías? Sea la que sea la respuesta que hayas dado, estoy seguro de que en todo momento estarás protegiéndote. Esa es la función básica del apego. Ahora bien, una vez que se ha restablecido la sensación de seguridad, tendemos a tomar de nuevo el control y a hacer las cosas por nosotros mismos. A continuación, veremos de manera algo más desarrollada las dos características básicas del apego: protección y autonomía.

LOS DOS PILARES DEL APEGO SEGURO: PROTECCIÓN Y AUTONOMÍA

Seguramente podríamos hablar de muchas características de los padres que son imprescindibles para desarrollar un apego seguro en sus hijos, pero, para ser concretos, hablaré de las que, a mi entender, son las dos más relevantes: la protección y la autonomía. Eso sí, la una sin la otra no sabe vivir. Queremos ser autónomos y hacer las cosas sin necesitar a los demás, pero, dado que somos seres muy vulnerables en los primeros años de vida, necesitamos de, al menos, una figura adulta que sea capaz de protegernos y, a la vez, enseñarnos a valernos por nosotros mismos. Es imprescindible que los padres protejan a sus hijos, ya sean pequeños o adolescentes, cuando estos sientan miedo, desamparo o inseguridad. En esos momentos es importante que los protejamos en su justa medida, ni más ni menos. Ahora bien, ¿cuándo debemos fomentar su autonomía? Solo debemos permitir que hagan las cosas de manera independiente, aunque con nuestra supervisión, cuando el niño parta de cierto equilibrio y tranquilidad. A la pregunta de si se puede fomentar la autonomía desde la desprotección, la respuesta es sí, aunque no se debe. Si obligamos a los niños a que hagan las cosas solos porque no vamos a estar siempre detrás de ellos, y los pequeños están desregulados y no pueden contar con nuestro apoyo y validación del miedo, es probable que estemos fomentando un apego inseguro de tipo evitativo. Más adelante veremos las características esenciales de los cuatro tipos de apego que existen. Por lo tanto, protección y autonomía son fundamentales para desarrollar un apego seguro.

Mary Ainsworth, discípula de John Bowlby y creadora de la situación extraña de la que más tarde hablaremos, definía el apego seguro como el equilibrio flexible entre protección y autonomía. Por lo tanto, como suelo comentar habitualmente en las formaciones, los adultos debemos estar al servicio de las necesidades de los niños y cubrírselas de manera suficiente y equilibrada.

Si nos centramos ahora en la autonomía, diremos que es el complemento ideal de la protección parental. Dado que somos inmaduros e incapaces de hacernos cargo de nosotros mismos, necesitamos de alguien que nos proteja y, a la vez, alguien que nos enseñe a valernos de nosotros mismos y a ser autónomos en la vida. Eso sí, el ser humano nunca llegará a ser independiente, necesitando a lo largo de todo el ciclo vital de la ayuda, el apoyo y el aliento de sus semejantes. Somos una especie social e interdependiente. Una vez que nuestro hijo se siente protegido y seguro gracias a nuestra presencia, nuestra capacidad de tranquilizar y de gestionar posibles peligros, estará en disposición de explorar el entorno inmediato que lo rodea. En ese momento, los padres dejamos de ser refugio seguro para convertirnos en base segura. Cuando estamos protegiendo a nuestros hijos, estamos sirviendo de refugio seguro para ellos, lugar donde encontrarán la calma y nuestro apoyo. Una vez que hemos tranquilizado lo suficiente, deberemos abandonar nuestra función de refugio seguro para convertirnos en base segura. En este segundo momento, en vez de proteger, estaremos permitiendo y fomentando que se separen física y emocionalmente de nosotros, pero siempre partiendo de la protección y nunca desde el miedo y la desregulación emocional. Si vemos interactuar a una madre y a su bebé de ocho meses, el pequeño no siempre está físicamente pegado a su madre, sino que hace «pequeñas excursiones» para conocer y explorar el entorno que lo rodea, que bien puede ser el salón de su casa como el parque en el que se encuentran. En esos momentos, la madre ejerce de base segura y ayuda al bebé a explorar mediante la validación de su emoción de curiosidad. Para no sentirse desprotegido ni inseguro, si el bebé pierde de vista a la madre, rápidamente se vuelve para comprobar que su progenitora está cumpliendo con la función de base segura. En caso de que el bebé sienta miedo, se haga daño o se agobie por no ver a la madre, entonces, al sentir inseguridad, reclamará mediante el llanto que su madre deje de ser base segura para volver a activar el refugio seguro. Y así constantemente estamos los padres cambiando de registro en función de las necesidades que presentan nuestros hijos. Sabemos que el niño buscará a su figura de referencia cuando tenga alguna necesidad activa: hambre, cansancio, miedo, se siente solo, etc. En cambio, cuando el niño se sienta seguro y protegido, no reclamará a la madre y buscará entrar en contacto con objetos del entorno o a compañeros de juego con los que interactuar.

Con este sencillo ejemplo vemos la importancia de ese equilibrio entre protección y autonomía. Aunque todas las necesidades estén activas a lo largo de todo el ciclo vital, existen momentos en que unas necesidades son más dominantes que otras. Así, por ejemplo, para un neonato es más relevante y necesario que lo protejan antes de que le fomenten su autonomía. Sin embargo, cuando este niño sea adolescente, precisará por parte de sus padres mayor autonomía y exploración que protección. De manera complementaria, el adolescente precisa de sus amigos que lo protejan y le cubran la necesidad de pertenencia al grupo de iguales.

Podemos decir que los tres elementos esenciales para desarrollar un apego seguro son la mirada, el tacto y el tono de voz. Cómo mira la madre y el padre a su hijo es fundamental, transmitiendo cariño, amor y ternura, o bien todo lo contrario. Ya hemos comentado la relevancia que tiene el tacto en nuestra especie y en el resto de los mamíferos. Y, por último, pero no por ello menos importante, resaltamos el tono de voz. Gritar y faltar al respeto a nuestro hijo de manera continuada tiene consecuencias sobre el desarrollo de la personalidad del menor.

LA SITUACIÓN EXTRAÑA DE MARY AINSWORTH

Ya hemos comentado que el británico John Bowlby es considerado el padre de la teoría del apego. Se encargó de recopilar los principios básicos de esta teoría a mediados del siglo pasado. Una de sus discípulas, Mary Ainsworth, quiso llevar la teoría de su maestro a la práctica. Para ello ideó una situación de laboratorio conocida como «la situación extraña», en donde evaluaban el estilo de apego de niños en torno a un año. Los resultados de dichos estudios llevados a cabo en Baltimore (Maryland) fueron publicados en 1958.

El estudio consistía en ocho episodios cortos de unos tres minutos donde el pequeño estaba con su madre y una persona extraña, pero donde se evaluaba cómo el niño se comportaba en presencia de su madre, cómo reaccionaba cuando salía de la sala, si se dejaba consolar por la extraña, y se valoraba cómo el menor recibía a su madre pasados pocos minutos. Toda esta información era determinante para ver si el niño tenía apego seguro o inseguro. Los niños que tenían apego seguro se quejaban y lloraban cuando sus madres salían de la sala experimental, y, cuando estas regresaban, sonreían y se acercaban a ellas para ser consolados. Cuando el menor está jugando con su madre y aparece una persona extraña que se sienta en una silla cercana, es normal que el pequeño se aferre a mamá y cese la exploración. Para Ainsworth, un niño con apego seguro suele explorar el ambiente de manera natural y libre, siempre y cuando esté en un contexto conocido. Si está en un contexto no conocido, como es la situación extraña, suele usar a su madre como base segura.

Se ha visto que, aproximadamente, un 20 % de la población tiene apego evitativo, mientras que el apego ansioso ambivalente es de un 15 %. Como veremos en el siguiente punto del capítulo, la persona con apego evitativo suele rehuir a la madre en la situación extraña cuando regresa a la sala experimental después de haber pasado unos minutos fuera. Es más, en ocasiones, el niño evitativo suele tratar a la persona extraña de manera más amistosa que a su propia madre. Sin embargo, los niños con apego ansioso ambivalente suelen estar indecisos entre acercarse a sus madres y separarse de ellas, pues la manera que tienen sus madres de relacionarse es muy variable e inconsistente.

Fotografía de Richard W. Linfield. Fuente: Johns Hopkins
University Sheridan Libraries, jhu_coll-0002_05747.

ALGUNAS CLAVES PARA VINCULARSE CON NUESTROS HIJOS EN FUNCIÓN DE SU ESTILO DE APEGO

En este último punto del capítulo veremos cuáles son los cuatro tipos de apegos y desarrollaremos algunas ideas prácticas para saber cómo debemos vincularnos con ellos para poder ayudarlos a regular mejor sus emociones, solucionar conflictos, confiar más en ellos mismos y, en definitiva, guiarlos para aprender y disfrutar más.

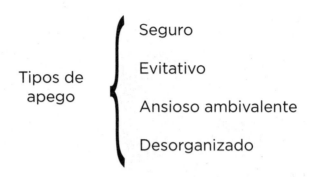

Tipos de apego
- Seguro
- Evitativo
- Ansioso ambivalente
- Desorganizado

Empezaremos hablando del apego seguro, que, como ya hemos comentado, es el estilo de apego al que todos los padres y las madres aspiramos, pero que la investigación demuestra que solo disfruta entre un 50 y un 60 % de la población. Las figuras de apego seguro son sensibles a las necesidades de sus hijos y suelen atender de manera proporcionada y respetuosa dichas necesidades. Esta manera de proceder tiene como consecuencia que el menor sienta que es valioso, es tenido en cuenta y que se desarrolle en contextos suficientemente seguros. La consecuencia de tener unos padres tan sensibles e implicados en la crianza de sus hijos es que estos últimos crecerán con una buena autoestima, con un buen pensamiento crítico, con una buena capacidad de conexión emocional con los demás y con capacidad de esfuerzo ante las diferentes tareas y obstáculos que tiene la vida. Como podemos ver, las ventajas de esta manera de relacionarse son muy positivas y nos hacen llegar a la conclusión de que el esfuerzo merece la pena. Ahora bien, no siempre los padres estamos preparados para conectar y atender las necesidades de nuestros hijos, motivo por el cual surgen los tres tipos de apegos inseguros.

El apego evitativo se caracteriza por tener grandes dificultades para conectar con las necesidades de los demás. Es por ello por lo que a estos papás y mamás les cuesta comprender, validar y regular las emociones que sienten sus hijos. Mandan mensajes a los niños, tanto implícitos como explícitos, para no atender las emociones que experimentan. Frases como «No llores», «Enfadarse no vale de nada» o «No es para tanto» son algunas de las que más frecuentemente se les escucha decir. Estos papás han aprendido a no atender sus propias necesidades emocionales y se han centrado en aspectos que tienen que ver más con el rendimiento. Por ejemplo, exigen a sus hijos sacar muy buenas notas, comportarse adecuadamente en la mesa; esperan de ellos que toquen algún instrumento, y todo esto sin quejarse ni rechistar. Es por ello que son tremendamente cognitivos y racionales, motivo por el cual activan más frecuentemente su neocórtex cerebral. Sabiendo cuál es el perfil de un padre y un menor con apego evitativo, ¿qué podemos hacer para acercarnos a ser un apego seguro? Lo más importante sería atender a los aspectos afectivos más de lo que lo hacemos habitualmente y reducir esa obsesión que tenemos con el rendimiento de nuestros hijos en diferentes contextos. Tratar de avivar un poco la «llama emocional» sería el objetivo a trabajar con los niños con apego evitativo.

El apego ansioso ambivalente se caracteriza, como ya hemos comentado páginas atrás, en dar respuestas variables y cambiantes ante las necesidades que presentan los menores. Si en ocasiones atienden de forma responsiva a sus hijos, pero en otros momentos no son atendidos, el mensaje que se traslada al menor es que su figura de apego no es predecible ni coherente. Como su propio nombre indica, este tipo de apego se caracteriza por causar ansiedad ante la ambivalencia de mamá y papá. Los padres ansiosos ambivalentes tienen patrones muy diferentes de atender las necesidades que puedan presentar sus hijos, además de niveles altísimos de ansiedad, lo que los empuja a no ser constantes ni predecibles. Este tipo de apego se identifica con el estilo educativo sobreprotector, que lo que hace es atender los deseos del adulto antes de conectar con las necesidades del menor. Si decíamos que en el apego evitativo necesitan tener en cuenta las emociones en sus vidas, en el caso del apego ansioso ambivalente precisarán todo lo contrario: un buen regulador de emociones. Necesitan poner un poco de razón y orden a todo el caos emocional que sienten en su día a día.

Y en último lugar tenemos el apego desorganizado, que es el tipo de apego que más desorientación causa a los menores. Estos padres ni protegen de manera suficiente a sus hijos ni son capaces de animarlos a ser autónomos y a explorar el entorno en el que se mueven. Sin lugar a dudas, es el tipo de apego más difícil de reconducir, debido a los patrones tan desorganizados que tienen sus padres.

CÓMO VINCULARNOS DE MANERA SANA CON NUESTROS HIJOS

En este último punto del capítulo veremos algunas claves e ideas para vincularnos de manera sana y desarrollar un apego seguro con nuestros hijos. Recuerda que para desarrollar un apego seguro no es necesario que seas perfecto, sino, más bien, suficientemente bueno. Para hacerlo más práctico y comprensible, esbozaré estas ideas de manera esquemática con el objetivo de que os ayude a vincularos de manera segura con vuestros hijos:

- PROTECCIÓN: ya hemos visto a lo largo del presente capítulo que el ser humano es una especie tremendamente inmadura y frágil. Dichas características nos convierten en dependientes de nuestras figuras de referencia. La única manera sana de superar esa inmadurez y dependencia consiste en proteger a nuestros hijos cuando se sientan tristes e indefensos. Recuerda evitar los extremos de la sobreprotección y la negligencia, pues ambos van en contra del desarrollo sano de los menores.

- FOMENTAR SU AUTONOMÍA: desde muy pequeños, nuestros hijos muestran su motivación y necesidad de hacer las cosas por ellos mismos. Aunque requieran de práctica y destreza, déjalos que intenten conseguir las cosas por sus propios medios. Confía en ellos. No hay cosa que promueva más la autoestima que lograr lo que te propones. Respetar y acompañar su autonomía y exploración es vital para establecer lazos sanos con nuestros hijos.

- SINTONIZACIÓN EMOCIONAL: una de las funciones básicas de los padres es conectar y sintonizar con las necesidades que presentan sus hijos. Saber por qué lloran o están enfadados es fundamental. Por este motivo, sintonizar con sus necesidades y emociones los ayudará a sentirse vistos y reconocidos. Saber cuándo protegerlos y cuándo permitir que hagan las cosas por ellos mismos (autonomía) es lo que nos va a permitir desarrollar un apego seguro en ellos. La sintonización emocional está muy relacionada con la capacidad empática.

- DESARROLLAR SU CAPACIDAD REFLEXIVA: gracias a la labor de mamá y papá nombrando y explicitando todo lo que siente, el menor podrá ir desarrollando un vocabulario emocional sobre aquello que siente. Si les nombramos la emoción que sienten y la validamos, estaremos desarrollando su capacidad reflexiva, algo que será fundamental para el día de mañana.

- TIEMPO DE CALIDAD: nuestros hijos necesitan pasar mucho tiempo con sus padres o figuras de apego. Pero no basta con pasar tiempo, sino que tiene que ser de calidad. Tiempo en el que nos sintamos interesados por nuestros hijos, donde juguemos con ellos, escuchemos sus inquietudes y miedos, etc.

- REGULAR SUS EMOCIONES: los niños pequeños no tienen la capacidad de gestionar sus propias emociones ni conflictos. Su corteza prefrontal, la zona del cerebro que se encarga de la regulación emocional, aún es demasiado inmadura como para hacerse cargo de ello. Por lo tanto, los padres y las madres debemos ejercer de cortezas prefrontales externas de nuestros hijos. Ayudarlos a enfrentarse a sus miedos, a tolerar la frustración y a elaborar su tristeza son aspectos fundamentales de la regulación emocional.

- ATENDER ADECUADAMENTE A SUS NECESIDADES: la crianza respetuosa es aquella que tiene en cuenta, en todo momento, las necesidades que tienen nuestros hijos. Escucharlos, atenderlos y acompañarlos es algo que no podemos obviar si queremos que el día de mañana sean personas sanas, autónomas y con capacidad de gestionar sus propias emociones y conflictos. Es por ello por lo que no debemos ni ignorar sus necesidades ni exagerarlas. Todo, en su justa medida.

- SENTIDO DE PERTENENCIA: una de las necesidades socioafectivas del ser humano es la de sentirse perteneciente a un grupo. Dada la gran vulnerabilidad que nos caracteriza, el menor necesita sentirse importante y querido por parte de sus padres y cuidadores principales. Explicítale tu cariño y muéstrate interesado por tu hijo, y ayudarás a que tenga una autoestima sana.

El objetivo del presente capítulo ha sido presentar al lector una panorámica general y dinámica sobre la teoría del apego. Espero que en estas hojas haya podido conseguir que conozcas, aunque sea de manera esquemática, qué es el apego; la importancia de la conexión en la relación madre-bebé; por qué la protección y la autonomía son dos pilares fundamentales para un buen desarrollo socioemocional de nuestros hijos, y, en última instancia, comprender las características esenciales de los diferentes tipos de apego.

CAPÍTULO 3

EDUCAR PARA LA FELICIDAD

Silvia Álava Sordo

¿QUÉ ES LO QUE QUIERES CONSEGUIR PARA TUS HIJOS? ¿A QUÉ TE GUSTARÍA QUE YO PUDIESE AYUDARTE?

Me presento, soy Silvia Álava, psicóloga sanitaria, y llevo trabajando en un centro de psicología más de veintiún años. Con estas preguntas es como me gusta concluir la primera sesión en la que los padres y madres me explican lo que les preocupa de su hijo o hija. Y la respuesta que más me encuentro es «Quiero que sea feliz», una tarea que suena muy bonita, pero que en absoluto es fácil de conseguir.

En primer lugar, antes de plantearnos qué debemos hacer para conseguir que nuestros hijos sean felices, debemos pararnos a definir qué es la felicidad para nosotros. Y aquí encontramos el primer problema. Como sociedad, hemos confundido la felicidad con la emoción de la alegría. La alegría es una emoción agradable en la que se incrementa nuestra energía y que a todos nos gusta experimentar. Sin embargo, la felicidad es un estado en el que caben todas las emociones, tanto las agradables como las desagradables. Si pensamos que ser feliz implica estar bien, alegres, contentos, haciendo cosas divertidas veinticuatro horas al día, los siete días de la semana, vamos por muy mal camino. Con esta definición, ninguna persona en el planeta tierra sería feliz. Estar experimentando alegría o emociones agradables todo el tiempo sencillamente es imposible. La felicidad tiene más que ver con estar en paz, en calma, a gusto con nosotros mismos, aceptando nuestra vida, nuestra realidad, y entendiendo todas las emociones, tanto las agradables como las desagradables. Por tanto, si quieres que tu hijo sea feliz, déjale que experimente todas las emociones y dale herramientas y técnicas para superar con éxito los sinsabores de la vida.

1. ¿Qué es la felicidad?

Antes de plantearnos si nuestro hijo o hija es feliz, debemos de tener muy clara la definición de «felicidad». Muchos progenitores se quedan con la idea de «felicidad hedónica», asociada al placer y al disfrute. Lo cual no es malo, a todos nos gusta hacer cosas divertidas y pasarlo bien. Sin embargo, si nos quedamos con esta única idea de felicidad, lo que puede ocurrir es que consigamos el efecto contrario. Al intentar que nuestros hijos estén haciendo siempre cosas que les gusten, puede que perdamos el foco en educarlos en la responsabilidad, en la madurez, o que les impidamos que desarrollen recursos para superar los baches por sus propios medios. Ser feliz está relacionado con conseguir ser adultos funcionales con recursos suficientes para enfrentarse con éxito a las situaciones complicadas que les surgirán.

Por tanto, os invitamos, como padres y madres, a trabajar con vuestros hijos la idea de «felicidad eudaimónica». La felicidad, desde esta perspectiva, no está reducida al placer, sino que atiende a todo el potencial del ser humano, al crecimiento personal, a las relaciones positivas, a la autoaceptación o la autonomía. Desde esta perspectiva se incluye educar a los hijos en valores, en principios, hacerlos seguros, autónomos y responsables, enseñándoles a disfrutar de ese crecimiento personal. Sentir que cada día crecen, no solo en tamaño, sino en lo que son capaces de resolver, y que van avanzando en su autonomía.

2. Errores que cometemos al educar en felicidad

Cómo psicóloga veo que muchos padres y madres, por intentar que sus hijos sean felices, los llevan a tomar decisiones que, en lugar de acercarlos a la felicidad, los alejan de ella, como por ejemplo:

Comprar muchas cosas pensando que eso los ayudará a ser más felices. Es cierto que los niños necesitan jugar y que, a través del juego, se pueden trabajar muchos procesos cognitivos y socioemocionales. Sin embargo, no hay ningún estudio que confirme que los pequeños (incluso también podríamos incluir a los adultos) vayan a ser más felices por tener más juguetes o más cosas. A los niños y niñas les encanta pedir cosas: hoy es un tipo de peonza el que está de moda; mañana, unos cromos, y pasado, un juguete. Si atendemos a todos sus caprichos, no solo puede ser un problema a nivel económico, sino que les estamos demostrando que las cosas tienen poco valor y que apenas hay que realizar un pequeño esfuerzo por conseguirlas.

Por tanto, os invitamos a reflexionar: ¿cuántas de las cosas que nos piden son realmente necesarias? Pocas, ¿verdad? ¿Eso significa que debemos dejarlos sin ningún capricho? ¡No! En absoluto es así, pero sí que debemos de medir cuántas cosas les damos y asociarlas a momentos especiales. Se trata de que aprendan desde que son pequeños el valor de las cosas, que aprendan a esforzarse por conseguirlas y que se lo puedan ir ganando poco a poco.

Otro error muy común es la actual tendencia a hiperestimular a los niños. Los apuntamos a todo lo que está a nuestro alcance: clases extraescolares para que sean los más preparados, que hablen idiomas, toquen instrumentos, practiquen deportes... Todo esto está muy bien, pero, si no lo hacemos con sentido común, nos encontramos con niños hiperestimulados que tienen de todo, menos lo más necesario: tiempo. Tiempo para que ellos mismos puedan aprender a dirigir su conducta; tiempo para aburrirse; tiempo para valorar lo que hacen...

La función ejecutiva es la capacidad que tenemos para orientarnos a conseguir una meta. ¿Eso qué implica? Que, una vez decidido nuestro objetivo, planificamos y organizamos lo que tenemos que hacer para conseguirlo. Además, vamos centrando nuestra atención en lo que esa tarea requiere, evitando distraernos con interferencias tanto externas (lo que pasa fuera de nosotros) como internas (pensamientos, ideas…); monitorizamos nuestra conducta, es decir, vamos comprobando y supervisando si estamos haciendo lo correcto y si lo que hacemos nos lleva a conseguir nuestro objetivo. Es decir, la función ejecutiva implica planificar, organizar, atender, monitorizar, supervisar… Si lo pensamos detenidamente, es algo que es fundamental para que los niños tengan éxito no solo a nivel académico, sino en la vida. Esta función ejecutiva empieza a madurar en torno a los tres o cuatro años, y, para que pueda hacerlo, es fundamental dejar a los niños tiempo libre y espacios en los que sean ellos solos quienes guíen su conducta. Por eso es tan importante que tengan, por ejemplo, alguna tarde libre, sin actividades extraescolares, para que ellos decidan qué hacer. Que no estemos siempre con ellos guiando su juego. Que decidan y organicen su propio tiempo libre. Para que esa función ejecutiva madure de una forma correcta, es necesario que jueguen con juguetes tradicionales; por ejemplo, juegos de mesa, o muñecos, en los que ellos tienen que prestar atención al juego. Por el contrario, en actividades como los videojuegos, el proceso de atención sostenida lo hace la pantalla. Se trata de estímulos que cambian muy rápido a nivel visual y auditivo, por lo que el niño solo está pendiente de jugar, pero no se favorece el proceso de atención sostenida que es clave dentro de la función ejecutiva.

También es necesario que los niños tengan tiempo para aburrirse y para aprender a esperar. Hay muchos padres y madres que, cuando sus retoños dicen «Me aburro», intentan por todos los medios evitarlo. En ocasiones, ellos mismos les proponen juegos y, si ven que esto no funciona, les dan, finalmente, una pantalla. Jugar con nuestros hijos es maravilloso, y los momentos de diversión en familia son muy aconsejables. El problema surge cuando los niños no aprenden a sentirse bien, a gusto, estando solos, jugando ellos solos o simplemente pensando. Para todos aquellos que tengan miedo de que sus hijos se aburran, es necesario saber que todavía no hay documentada ninguna «muerte por aburrimiento» y que, además, el aburrimiento tiene muchas cosas positivas, como fomentar la creatividad, la tolerancia a la frustración, aprender a tomar decisiones (en un primer momento serán del tipo a qué jugar o qué hacer con ese tiempo) y, lo que es más importante, hacer una labor de introspección, mirar hacia dentro y ver cómo se encuentran. Esto último es fundamental, ya hemos insistido en otras publicaciones que la única persona que tenemos garantizado que va a estar con nosotros hasta el final de nuestros días somos nosotros mismos. Si no sabemos estar a gusto, en paz, y siempre necesitamos estímulos externos que nos acompañen o nos estimulen, empezamos a «comprar todas las papeletas» para acabar teniendo un problema. Por eso es tan importante que los niños aprendan a gestionar su aburrimiento y que pierdan el miedo a estar solos, a contemplar cómo se sienten.

Cuando trabajo en las sesiones de psicología con adolescentes, me llama mucho la atención la visión tan preocupante que tienen del aburrimiento. Lo consideran una emoción extremadamente desagradable de la que hay que huir. A muchos les cuesta estar solos, sin una pantalla, sin saber qué hacer, y muchos de ellos llegan a verbalizar que no lo soportan; nos dicen que el móvil los ayuda a evitar ese aburrimiento y a sentirse mejor. Si queremos evitar que esto les ocurra a nuestros hijos, hay que trabajar con ellos desde que son pequeños, permitiendo que se aburran y ayudándolos a gestionar ese aburrimiento de forma constructiva.

Aprender a esperar es otro de los pilares básicos para tolerar la frustración. En la vida las cosas no suelen salir a la primera, y muchas veces tenemos que esperar cosas tan sencillas como nuestro turno en una cola, esperar a que traigan la comida en un restaurante... Es importante que desde pequeños los niños aprendan a respetar este tiempo. Por ello os proponemos el siguiente ejercicio:

Ejercicio 1. Aprendemos a esperar. Cuando tu hijo te llame, valora si es necesario atenderlo en ese momento. Si se trata de una necesidad básica y es un niño pequeño, quizás no es el momento de hacerlo esperar. Sin embargo, hay otras muchas situaciones en la vida en las que sí que pueden esperar. Para ello, cuando tu hijo te llame, acércate, agáchate, míralo a los ojos y dile que lo has escuchado, pero que ahora no puedes atenderlo, que papá o mamá tiene que estar haciendo otra cosa.

Espera unos minutos y, pasado un tiempo razonable, acude hacia él de nuevo y atiende su petición.

En el caso de que haya sido capaz de esperar sin protestar, refuérzalo. Puedes probar a decirle que estás orgulloso/a porque ha entendido que no podías atenderlo en ese momento y ha conseguido esperar. Que cada día es más mayor...

Si, por el contrario, se ha puesto a gritar porque quería

atención en ese momento, cuando ya se le haya pasado el enfado, podemos probar a trabajar la «corregulación emocional», es decir, le explicamos lo que ha sentido (nombrando la emoción), la causa de su emoción (por qué se ha sentido así), y le daremos una pequeña estrategia de regulación. Por ejemplo, «Entiendo que te hayas enfadado porque has tenido que esperar a mamá/papá y tú no querías. Tú querías que mamá/papá te atendiese en ese momento. Sin embargo, mamá/papá no podía, mamá/papá a veces tiene que hacer otras cosas, y por eso tenemos que aprender a esperar».

El objetivo es que aprenda que en la vida hay momentos en que las cosas no ocurren cuando nosotros queremos y hay que esperar. Que el mundo no gira a su alrededor y que sus padres lo quieren muchísimo y están ahí para lo que necesite, pero que esa disposición, si no es algo urgente, no siempre será inmediata. Por ejemplo, hay niños que, cuando van al parque, no son capaces de esperar su turno en los columpios y piden a sus padres el móvil para entretenerse porque les parece aburrido esperar al pie del tobogán o columpio a que les toque el turno. La paciencia es algo que se entrena.

Otro de los errores más comunes es «meterlos en una burbuja de sobreprotección» para evitar que lo pasen mal, que sufran; queremos evitar que se frustren, no queremos que les ocurra nada malo, nos esforzamos por ellos, porque ya crecerán y les tocará «esforzarse y sufrir», pensando que de esta forma conseguiremos que sean más felices. Y de nuevo lo que estamos consiguiendo es hacerles un flaco favor, dado que no estamos permitiendo que desarrollen sus recursos y habilidades, ya que sus padres les resuelven todas las dificultades, hasta tal punto que no se tienen que esforzar.

Detrás de esta sobreprotección no hay unos padres que no quieren a sus hijos, ni mucho menos. Son unos «hiperpadres» que han malentendido el amor maternal y paternal. Este tipo de padres no quiere que sus hijos lo pasen mal y piensan que su función es facilitarles la vida: «Ya será mayor para llevar su mochila, para enfrentarse a los sinsabores de la vida…». El problema es que, cuando al niño o la niña le toque hacerlo, no sabrá cómo, dado que no habrá desarrollado los recursos, las habilidades y los hábitos necesarios. Además, este estilo educativo correlaciona con un menor desarrollo de habilidades socioemocionales, con niños más inseguros, dependientes emocionalmente, más infelices, e incluso hay autores que lo relacionan con una mayor probabilidad de ser víctimas de acoso escolar. También está relacionado con tener un mayor número de trastornos, tanto «internalizantes» (como, por ejemplo, depresión, ansiedad, problemas psicosomáticos…) como «externalizantes» (problemas de conducta, respuestas agresivas…). Cuando los niños crecen con un padre o una madre sobreprotector, que está «sobrevolando encima» (esos famosos padres helicópteros) para que no les pase nada, para que no sufran…, pueden desarrollar la idea de que el mundo es un lugar peligroso, por eso papá y mamá están siempre a mi lado, y eso influye en su correcto desarrollo socioemocional y puede propiciar la aparición de trastornos como los comentados.

No es fácil saber cuándo estamos pasando la frontera y nos estamos convirtiendo en esos padres sobreprotectores. Por eso os proponemos hacer este cuestionario para reflexionar.

Ejercicio 2. Cuestionario para saber si somos unos padres sobreprotectores:

1. ¿Quién se hace cargo de llevar la mochila del colegio? ¿Y de su preparación? ¿Quién prepara los libros o los diferentes materiales?

   Es importante que lo hagan ellos; al principio, bajo nuestra supervisión, dado que el objetivo es que aprendan a ser autónomos, responsables y previsores.

2. Por las mañanas: ¿lo levantas con el tiempo justo para que pueda dormir lo máximo posible? ¿Lo ayudas a vestirse? ¿O procuras levantarlo con tiempo para que sea tu hijo/a quien vaya haciendo las cosas solo?

   De nuevo, se trata de trabajar la autonomía, que aprendan a hacer las cosas ellos mismos. Pero para eso necesitan tiempo, por eso es importante acostarse antes por la noche, para no ir estresados desde primera hora de la mañana.

3. Si te enteras por la noche de que hay trabajos o deberes sin hacer porque lo has leído en el grupo de padres, ¿te pones a hacerlos con él? ¿Dejas que vaya sin hacer los deberes? ¿O escribes una nota de disculpa?

   Si tú asumes su responsabilidad, él/ella no lo va a hacer. Es importante que vaya con el trabajo o deberes sin hacer y que se exponga a las consecuencias: suspender o tener que hacerlo cuando el profesor lo indique. De esta forma aprenderá a ser responsable de sus cosas.

4. ¿Haces los deberes con él, o dejas que los haga solo?

   Los deberes siempre son responsabilidad de los niños, no de los padres, y deben aprender a asumir esa responsabilidad. A no ser que tu hijo/a tenga dificultades de aprendizaje, lo tienen que hacer ellos solos.

5. Cuando te cuenta que ha tenido problemas con un amigo, o tú ves situaciones conflictivas con otros niños en el parque; por ejemplo, que no lo dejan jugar, ¿qué haces? ¿Hablas tú con los otros niños o sus madres, o dejas que lo resuelva él?

Si queremos que aprenda estrategias, recursos y habilidades, es importante que se enfrente él/ella a la situación. Si se lo resuelve el adulto, no aprenderá. Si veis que le cuesta, podéis trabajar en casa la búsqueda de soluciones, invitarlo a que lo piense él e incluso ensayarlo haciendo un role-playing, un «teatrillo» en el que el/la niño/a ensaya lo que le va a decir a su amigo.

El adulto solo debe de intervenir cuando se trata de una situación muy desequilibrada; por ejemplo, en casos en los que los niños no están en igualdad de condiciones porque el problema es con un niño mucho mayor.

3. ¿Cómo puedo potenciar que mi hijo/a sea feliz?

Una vez que hemos hablado sobre algunos de los errores que cometemos a la hora de educar, pensando que de esa forma haremos más felices a nuestros hijos, llega el momento de conocer qué es lo que podemos hacer para potenciar esa felicidad. Y de nuevo nos vamos a focalizar en la felicidad eudaimónica, para potenciar ese sentimiento de crecimiento personal y que ellos puedan ser conscientes de sus avances y de la consecución de sus logros. Por tanto, será fundamental trabajar la seguridad personal. Cuando los niños se sienten incapaces, inseguros, es difícil que sean felices. Por eso uno de los aspectos más importantes es acompañarlos y enseñarles a hacer las cosas. Cuando, por evitar que sufran, que se frustren o que pierdan el tiempo, les hacemos nosotros las cosas o les resolvemos sus problemas, el mensaje que va implícito es «Tú no puedes», por eso tienen que hacerlo papá o mamá, lo que resulta demoledor para su seguridad y su autoestima.

No se trata por tanto de dejarlos solos, sino de quedarnos a su lado acompañándolos en el proceso. Fomentando su autonomía. Estamos ahí por lo que pueda ocurrir, les damos seguridad, pero les dejamos que lo hagan solos, que lo intenten, y, si no saben cómo resolverlo, se lo mostramos y se lo enseñamos, con el objetivo de que aprendan, no se lo resolvemos nosotros.

De hecho, para que nuestros hijos sean felices, primero deben sentirse seguros, atendidos y queridos, fomentando un apego seguro. Eso implica estar, escuchar, saber que sus necesidades van a ser atendidas, incluyendo las necesidades emocionales, que tantas veces nos pasan desapercibidas. De esto nos ha hablado en profundidad Rafa Guerrero Darwin en el anterior capítulo, así que ya eres consciente de que un apego seguro es el primer paso del bienestar emocional.

Hablamos mucho de la autoestima en los niños, y es cierto que es algo que hay que trabajar. Sin embargo, muchas veces nos ponemos manos a la obra sin trabajar algo previo que es fundamental: el autoconcepto. El autoconcepto es la imagen que tenemos de nosotros mismos, que implica reconocer nuestros puntos fuertes y puntos débiles. No es lo mismo que la autoestima, aunque es cierto que está muy relacionado. La autoestima tiene más que ver con cómo valoramos nuestras habilidades, cómo nos valoramos a nosotros mismos. Es cierto que es importante valorar todas nuestras habilidades, y es algo que debemos hacer con los niños desde que son pequeños. Pero igual de importante es que tengan una imagen ajustada de sí mismos. Conocer nuestras virtudes y defectos ayudará a tener una buena autoestima; eso hace que podamos asumir más fácilmente los errores, sabiendo que hay cosas que se nos dan mejor que otras, y que enseñemos a los niños a hacerlo.

Los niños empiezan a tomar consciencia de su cuerpo y de su persona, se empiezan a reconocer a ellos mismos, y es ahí donde empieza a formarse el autoconcepto. Sin embargo, como son muy pequeños, en un primer momento el autoconcepto se empieza a desarrollar a través de la valoración que reciben por parte de los demás. Por eso, es fundamental que seamos conscientes de cómo hablamos a nuestros hijos y si les demostramos que confiamos en ellos, dado que nuestra proyección sobre ellos estará en la base de la formación de ese autoconcepto, evitando la comparación, que en absoluto beneficia a nadie, y valorando sus éxitos, pero sin olvidarnos de integrar los errores como fuentes de aprendizaje.

Os proponemos el siguiente ejercicio para trabajar el autoconcepto con los niños.

Ejercicio 3: Cómo trabajar el autoconcepto.
Si se trata de niños pequeños, podemos pedirles que se dibujen, que cuenten cómo se ven, y, a partir de ahí, realizar una labor de introspección en la que vamos a investigar cuáles son sus puntos fuertes (sus virtudes), apuntando cosas concretas; por ejemplo: «Soy bueno/a en deporte y juego muy bien al baloncesto». Y también aquellas cosas que se nos dan un poco peor, en las que nos tenemos que esforzar más.

¿Cómo trabajar el autoconcepto?

Virtudes o puntos fuertes	Cosas para mejorar

La psicología positiva entiende que la felicidad de las personas depende de nuestra capacidad de desarrollar fortalezas que nos servirán para conseguir nuestros propósitos personales, pero también para aportar un sentido a nuestra vida y ayudar a los demás. Peterson y Seligman (2004) han desarrollado un modelo que clasifica las veinticuatro fortalezas de las personas, agrupadas en seis virtudes. Es interesante que observemos a nuestros hijos y veamos cuáles son las fortalezas del carácter que tienen y que más fácil será trabajar con ellos.

- Sabiduría y conocimiento: fortalezas cognitivas que implican la adquisición y el uso del conocimiento. Son la perspectiva, pasión por aprender, mente abierta, curiosidad y creatividad.

- Coraje: fortalezas emocionales que implican el ejercicio de la voluntad para la consecución de metas ante situaciones de dificultad externa o interna. Son la valentía, la persistencia, la integridad y la vitalidad.

- Humanidad: fortalezas interpersonales que implican cuidar y ofrecer amistad y cariño a los demás. Las fortalezas de esta virtud son la inteligencia social, la generosidad y el amor.

- Justicia: fortalezas cívicas que conllevan una vida en comunidad saludable. Las fortalezas de esta virtud son el liderazgo, el sentido de justicia y el civismo.

- Moderación: fortalezas que protegen contra los excesos. Las fortalezas de esta virtud son el autocontrol, la prudencia y la humildad.

- Trascendencia: fortalezas que forjan y proveen significado en la vida. Las fortalezas de esta virtud son la espiritualidad, el humor, la esperanza, la gratitud y la apreciación a la belleza.

Cuidado con el lenguaje que utilizamos con los niños y con las etiquetas. De poco nos sirve hacer estos ejercicios enfocados a trabajar el autoconcepto, la seguridad o las fortalezas, pensando que de esta forma se incrementará su autoestima, si no cuidamos cómo hablamos a nuestros hijos. Las etiquetas tienen un efecto nefasto en la autoestima de los menores. Cuando les decimos «Eres un vago», «Eres tonto», «Eres malo», «¡Qué torpe eres!», los niños viven esa etiqueta como si fuese algo inherente a ellos que no se puede cambiar y se comportan en función de esa etiqueta, dado que es lo que el adulto espera de ellos. Por tanto, se trata de cambiar la forma de decirles las cosas. Dejando las etiquetas fuera y cambiando el tiempo verbal, utilizando el verbo estar, para que el énfasis vaya en lo que hace el niño o la niña, nunca entrando a valorar si lo que el menor «es» está mal, y siendo muy asertivo y explicando en todo momento lo que hay que corregir. Por ejemplo:

Ejercicio 4. Corregimos sin etiquetar.
¿Cómo evitar las etiquetas en nuestras correcciones?

ETIQUETANDO	ASERTIVO
Eres un vago	Hoy no hiciste los deberes de lengua.
Eres tonto	Creo que esto no te lo he explicado bien, voy a explicarme mejor.
Eres malo	Hoy te has pegado con tu hermano, y ya sabes que en esta casa nos tratamos con respeto, sin pegar.

¡Qué torpe eres!	Hay que tener cuidado para que no se nos caiga el vaso de agua. Ahora lo vamos a limpiar juntos (y que sea el/la niño/a con nosotros al lado quien lo recoja).

4. Cómo la inteligencia emocional ayudará a los niños a ser más felices

Empezábamos el capítulo explicando que uno de los problemas que tenemos es que confundimos la felicidad con experimentar de forma continua emociones agradables cuando esto no siempre puede ser así a lo largo de nuestra vida. Si queremos que nuestros hijos sean felices, la clave estará en potenciar esas emociones agradables y, sobre todo, en dotarlos de herramientas y técnicas para manejar esas emociones desagradables, ya que en la vida todos vamos a tener días malos y situaciones complicadas que resolver. De esta forma, estamos dándoles recursos para que se puedan desenvolver con éxito en la vida y sepan cómo incrementar su bienestar emocional, además de actuar como prevención de la aparición de problemas emocionales. Reconocer las emociones, entender la información que nos dan y aprender a regularlas es algo que forma parte de la inteligencia emocional, habilidades que se trabajan con los niños desde que son muy pequeños. Además, estamos de suerte, porque el agente mejor posicionado para trabajar la inteligencia emocional de los niños son las familias. Sin embargo, debemos de tener cuidado, porque, como ya hemos mencionado, también somos los responsables de su mayor enemigo: la sobreprotección.

5. Cinco recursos para incrementar nuestra felicidad

Otras estrategias que podemos implementar para potenciar la felicidad de nuestros hijos son las siguientes:

- Pasar tiempo con amigos o familiares. Todas las personas nos sentimos más felices cuando estamos con otras personas, cuando nos sentimos integrados y sentimos que pertenecemos a un grupo o una familia. Si tuviéramos que traducir toda la literatura científica de las causas de la felicidad humana en una sola palabra, sería social. Somos con diferencia la especie más social de la Tierra. Por eso es importante que nuestros hijos vean que les damos importancia a nuestros amigos, que los cuidamos y los ayudamos a fomentar su red social procurando que estén con niños de su edad y con la familia extensa (tíos, primos, abuelos...), invitándolos desde pequeños a cuidar las relaciones sociales y procurando que desarrollen unas buenas habilidades sociales que les permitan hacer amigos y fidelizarlos.

- Llevar un «diario de gratitud». Al igual que antes de ir a dormir leemos, podemos anotar cada día, al menos, tres cosas por las que estamos agradecidos, o aquello que más nos ha gustado del día, tomando el tiempo de reflexión necesario para ser conscientes de las cosas buenas. Es algo que aumentará nuestra satisfacción general y nos ayudará a dormir con un espíritu más positivo, y que podemos hacer con los niños desde que son pequeños. La gratitud es uno de los mayores predictores de la felicidad. Cuando agradecemos las cosas que hacen por nosotros las personas que nos rodean, incrementamos nuestra felicidad. No se trata solo de enseñar a los niños a ser educados y dar las gracias, sino de ir más allá y que aprendan a agradecer lo que los demás hacen por ellos desde la admiración y la consciencia de que no tendrían por qué hacerlo.

- El deporte es otro de los grandes aliados para mejorar nuestro bienestar emocional. Activa el «sistema nervioso dopaminérgico», que hace que nos sintamos bien, y además enseña a los niños valores como el esfuerzo, la constancia y la rutina.

- Hacer cosas por los demás, realizar actos altruistas, es algo que también está estudiado como uno de los mejores predictores de la felicidad. Enseñar a los niños a colaborar, a que formen parte de un voluntariado, que vean que ellos también pueden aportar su granito de arena por mejorar el mundo y la vida de los demás es algo que ayudará a conseguir que sean más felices.

- Mantener la ilusión porque llegue o pase algo. Ser capaces de crear y fomentar nuestras propias ilusiones y mantenerlas en el tiempo es algo que también proporciona emociones agradables y ayuda al bienestar emocional. Por eso es importante enseñar a los niños a mantener la ilusión. Que, si se apuntan a una actividad, la mantengamos por un periodo de tiempo, que le demos una oportunidad, no cambiar cada semana. Lo mismo pasa con los juguetes: no reemplazarlos a la primera de cambio porque se aburrieron, darles otra oportunidad.

- Y demorar las consecuencias positivas de sus logros. Evitar propiciar que todas las satisfacciones sean inmediatas, dado que, si no, no aprenderán a trabajar por un fin que implique constancia y rutina; impediremos que adquieran tolerancia a la frustración, que aprendan la cultura del esfuerzo y a mantener viva una ilusión, que puede ser otro de los aliados de la felicidad.

Espero que con estos pequeños consejos y con vuestra práctica en el día a día ayudemos a los más pequeños de la casa a tener un mejor autoconcepto de sí mismos, a que adquieran las herramientas necesarias para poder enfrentarse a los desafíos de la vida y, en definitiva, ser más felices.

No hay mayor satisfacción para un progenitor que ver cómo nuestros hijos se convierten en personas capaces e ilusionadas con su futuro. Mucho ánimo en vuestro empeño y enhorabuena por vuestros logros.

CAPÍTULO 4
EDUCAR LAS HABILIDADES SOCIALES

Leo Farache

LA CONVERSACIÓN: LA HERRAMIENTA EDUCATIVA MÁS COTIDIANA Y POTENTE

La conversación es el instrumento que nos permite relacionarnos con nuestros hijos, ayudarlos a pensar, ofrecerles acompañamiento. Es a través de las conversaciones que vamos descubriendo a nuestros hijos: sus pensamientos, inquietudes, opiniones y pareceres. Son esos mismos momentos los que les permiten a ellos conocernos a nosotros, sus madres y padres. Somos muchos a los que nos hubiera gustado conversar más con nuestros progenitores, pero aun con ese déficit conversacional es posible que lo que más recordemos de nuestros padres sean algunas ideas, valores, decisiones compartidas o imposiciones que llegaron a través del intercambio de palabras. Recibimos de nuestros padres conversaciones y dejamos como legado otras tantas: «Como decía mi padre o mi madre», «Eso me lo inculcaron desde pequeño», «Recuerdo el día que mi padre me propuso hablar conmigo, jamás olvidaré lo que me dijo».

En este capítulo vamos a invitarte a la reflexión sobre la necesidad de tomar conciencia de la importancia de conversar con nuestros hijos. Por ellos y por nosotros, por su educación y por nuestro disfrute. ¿Cómo conversar con nuestros hijos? ¿Cómo ayudarlos a que sean buenos conversadores? Intentaremos demostrar que merece la pena dedicarle tiempo, cariño y atención. Es conveniente saber y reconocer el poder de las palabras, dado que, según cómo las utilicemos, nos permitirán lograr resultados muy diferentes, a pesar de que nuestro objetivo general sea siempre el mismo: educar a nuestros hijos, ayudándolos en el camino que los introduce al resto de su vida.

«La educación es, ante todo, comunicación entre líneas».
Friedemann Schulz Von Thun (*El arte de conversar*)

LA ILUSIÓN Y LA CONCIENCIA DE CONVERSAR

Hablamos del acto de conversar cuando establecemos un diálogo con nuestros hijos en el que nos dedicamos a intercambiar opiniones, sentimientos, narraciones de lo que nos acontece; a enriquecernos unos y otros a través de ese ejercicio. Se trata, por tanto, de acudir al espacio en el que vamos a darles vueltas a las palabras, ideas en su compañía (el significado etimológico de la palabra conversar es «dar vueltas en compañía»). La conversación es, por definición, el mejor «negocio» que podemos hacer.

Si usted tiene un pan y yo tengo un euro, y yo voy y le compro el pan, yo tendré un pan, y usted, un euro, y verá un equilibrio en ese intercambio.

Pero si usted tiene un soneto de Verlaine, y yo, el teorema de Pitágoras, al final de ese intercambio ambos tendremos el soneto y el teorema. (Adaptado de Michel Serres).

Así pues, no consideraremos conversación como el intercambio de palabras que nos decimos, por ejemplo, por la mañana de forma casi automática, o las preguntas diarias del tipo «¿Qué tal en el cole?», «¿Qué tienes hoy de deberes?».

La misión de este capítulo es que aspiremos a muchísimo más. Que tomemos conciencia de la maravillosa experiencia que supone conversar con nuestros hijos y que aprovechemos los momentos que se nos ofrecen en nuestra relación cotidiana, que seamos capaces de crear nuevos espacios. Esa toma de conciencia supone abordar esos momentos como oportunidades educativas donde tenemos el objetivo de ejercer nuestro papel de educadores.

Cambié el «chip» sobre cómo afrontar las conversaciones con mi hijo. Supuso un cambio muy importante en mi relación con él. Fui capaz de darme cuenta de que yo era la responsable de liderar esa relación. Esa responsabilidad incluía propiciar momentos para hablar de verdad y también tomarse muy en serio lo que le decía, cómo se lo decía y la atención con la que lo escuchaba. Ahora soy consciente de que mis palabras no se las lleva el viento.

María, madre de Juan, 10 años.

Las madres y padres no solemos reparar en la importancia que tiene ser un buen conversador para cumplir con solvencia nuestra labor educativa. Damos por hecho que sabemos hablar y que de tanto practicarlo quizás podamos considerarnos expertos. Pero no es verdad. El psicólogo Malcolm Gladwell expone la «regla de las diez mil horas» para decir que, para alcanzar un alto grado de desempeño en una determinada tarea, hay que ejercerla diez mil horas (el equivalente a veinte horas a la semana durante diez años). Esto no ocurre con las dos tareas que más hacemos en la vida: la primera, respirar, y la segunda, comunicar. Para alcanzar un alto grado de pericia en cualquiera de estas dos tareas, que practicamos a lo largo de la vida mucho más de diez mil horas, necesitamos conciencia, ilusión por mejorar y aprender técnicas para no seguir cometiendo los mismos errores durante esas más de diez mil horas.

NUESTRA INTENCIÓN Y LA INTENCIÓN DE NUESTROS HIJOS: SINTONIZAR

Supongamos que, después de leer estas primeras líneas, hemos aceptado la importancia de conversar con nuestros hijos y optamos por prestarle más atención a ese «acto».

Antes de acudir a la conversación, nos conviene revisar nuestra intención y la percepción que tenemos sobre la intención de nuestros hijos.

La intención general de un buen conversador (sea cual sea la edad de la persona con la que se esté conversando) debería ser la de aprender. Nos presentamos a ese espacio con la intención de saber más de la persona con la que estamos, de escuchar atentamente, de entender lo mejor posible qué sentimientos, emociones se esconden detrás de la información que se nos traslada. No es nuestra intención la de sermonear, tener la razón, imponer nuestro criterio. Preguntamos con curiosidad, tratando de entender una opinión discrepante desde una perspectiva diferente.

Estas mismas intenciones sirven para las conversaciones con nuestros hijos. Añadimos a esa intención general la intención de ayudarlos a pensar, de ofrecerles una información quizás desconocida para ellos (llevamos mucho más tiempo en el mundo y, por lo tanto, es lógico que sepamos más cosas, podamos abrirles caminos insospechados hasta el momento).

Uno de los elementos más importantes en las conversaciones son las preguntas. Nuestro sincero interés y nuestra habilidad para saber sobre ellos preguntando harán que planteemos a nuestros hijos preguntas abiertas y no cerradas. Así conseguiremos tener una conversación enriquecedora, además de que ellos obtengan importantes beneficios para el desarrollo de habilidades cruciales para su vida.

Transcripción extraída de la ponencia «Neurociencia en casa: algunas de las claves para la educación de tus hijos», por José Ramón Gamo en Educar es Todo:

Una investigadora de Harvard demuestra que, si en casa mantenemos un estilo conversacional abierto, vamos a conseguir que nuestros niños tengan un mejor desarrollo de las funciones prelectoras y de la función ejecutiva, de esa parte del cerebro que nos permite hacer cosas inteligentemente.

Un estilo conversacional cerrado sería: «
Cariño, ¿dónde has estado?, ¿en el zoo?
¿Y qué has visto?, ¿elefantes?
¿Y cómo tienen las orejas?, ¿grandes?
Y una trompa muy larga, ¿verdad?».

En ese momento, José Ramón Gamo hace un silencio y escenifica que se dirige a la madre o al padre que mantiene la hipotética conversación con su hijo: «¡Cállate!». El público se ríe. Prosigue su ponencia:

Y este es el estilo conversacional abierto:
—¿Dónde has estado, cariño?
Padre que aguarda contestación y escucha.
—¡Ah!
¿Qué has visto, cielo?
Se repite el proceso. Contestación del niño.
—¿Y cómo son?

¡Veis qué sencillo!

Cuando se analizaban los prerrequisitos de lectura de niños en familias con estilos conversacionales cerrados, el retraso era significativo. Ayudaban a los papás en un programa de formación para cambiarles el estilo de conversación para pasarlo a abierto. ¿Y qué pasaba al cabo de seis meses? Que mejoraron los prerrequisitos lectores, las funciones cerebrales relacionadas con la lectoescritura y con la función ejecutiva.

En definitiva, nuestra intención conversacional será educativa, tratando de aprovechar esos momentos para sacar lo mejor de dentro de nuestros hijos y también para formarlos e instruirlos.

Te proponemos, además, que esa intención educativa adopte la forma de objetivos que nos ayuden a recordar cuáles son los intereses que tenemos como educadores y que, por coherencia, van a formar parte de nuestro mensaje en las conversaciones con nuestros hijos.

A modo de ejemplo, esta es una lista de intenciones educativas de un padre de tres hijos:

- Que sean felices haciendo felices a los demás. Que sepan que la felicidad llega desde el esfuerzo y sepan resistir la frustración.

- Justos, generosos, socialmente comprometidos. Agradecidos.

- Autónomos, responsables.

- Que sean apasionados; que tengan interés por lo que hacen, y que descubran y desarrollen sus dones y aptitudes.

- Que sepan ponerse en el lugar de los demás; que sean empáticos y respetuosos.

- Que sepan cuidarse y tengan hábitos mentales y de vida saludables.

Abordemos ahora cuál es la percepción de la intención conversacional de nuestros hijos. Debemos tener claro (aunque a veces pudiera parecer lo contrario) que su intención no es la de molestarnos, enfadarnos o romper con las normas de forma deliberada. Están aprendiendo con nosotros a reconocer sus emociones, a utilizar las palabras de la forma más correcta posible, a conocer lo que es la empatía. Por tanto, frases como «Me pones nervioso, parece que hablas para enfadarme», «Me interrumpes y no me escuchas», «A ver si aprendes», «Te lo he dicho cien mil veces» deberían desaparecer de nuestros diálogos con nuestros hijos. Recordemos que lideramos, que educamos, necesitamos paciencia y docencia para ayudarlos a conversar mejor.

Nuestra voluntad de conversar con las mejores intenciones debe ser acompañada por la necesaria sintonización de frecuencias entre nosotros y nuestra hija o hijo. Al igual que nos ocurre con nuestro cónyuge, con los amigos, con nuestro jefe, compañero o subordinado, «las dos partes» tratamos de encontrar la sintonía en la que nuestras conversaciones discurran de forma más placentera y productiva.

Nuestros hijos no deben ser menos. Eso requiere de otra cualidad del buen conversador y educador: la generosidad. La relación aparentemente desequilibrada entre madres, padres y sus hijos puede conducirnos a no hacer ningún esfuerzo para lograr esa sintonización, pretendiendo que nuestros hijos se adapten a nuestra frecuencia.

EL CHOQUE ENTRE LAS CUALIDADES INFANTILES Y LAS NORMAS SOCIALES

Una de las posibles barreras para poder mantener buenas conversaciones con nuestros hijos es nuestra incapacidad para explicarnos. Nos referimos a tener la anteriormente mencionada suficiente paciencia y docencia para introducir a un niño en las convenciones sociales que forman parte de las normas que nos hemos dado entre nosotros para mantener la convivencia. Nuestro objetivo «egoísta» es conseguir que nuestros hijos cumplan con esas convenciones para que así podamos disfrutar de una supuesta armonía. Hemos reservado para nuestro hijo el nada excitante papel de hacer lo que sus padres le digan que está bien y está mal. Cuando los padres exigimos obediencia, reprimimos la rabia, castigamos los errores (muchos de ellos, involuntarios, como romper algo) u ocultamos determinados temas, calificándolos implícitamente como prohibidos (por ejemplo, el sexo); nos convertimos en jueces de nuestros hijos. Como dice el formador y biólogo Fernando Botella, pasamos en muy poco tiempo de jugar a juzgar.

JUGAR ⟶ JUZGAR

Para que podamos mantener conversaciones con nuestros hijos, deberemos propiciar un clima de confianza en el que el miedo no sea el instrumento por el cual nuestros hijos actúan. Los niños se sienten, lógicamente, juzgados cuando sus padres y el resto de las personas que los rodean emitimos juicios de forma continuada, manifestando así lo que esperamos de ellos. Con frecuencia lo hacemos, nos reiteramos, sin paciencia y sin docencia.

Conversar con nuestros hijos sobre esas normas sociales, partiendo del entendimiento de la perspectiva del niño les va a permitir desarrollarse como personas, poder tomar decisiones de forma racional e independiente, sin que sea «el qué dirán» o el miedo el que domine sus actos, sus vidas.

En nuestra sociedad nos hemos dado como norma respetar las colas. Para un recién llegado al mundo, esa convención social no tiene por qué ser lógica. La madre o el padre puede decirle al niño: «Estás tonto, no ves que hay una cola. Eso no se hace», o explicarle el significado de la espera, cómo se procede. Este tipo de normas sociales, algunas de ellas mucho más sofisticadas y no necesariamente universales, formarán parte de nuestras conversaciones al objeto de propiciar el entendimiento y el debate.

NUESTRAS COORDENADAS CONDUCTUALES

El siguiente párrafo está adaptado del libro El arte de conversar (pág. 189):

> Las investigaciones sobre la forma de actuar de los educadores sugieren que hay dos técnicas fundamentales para maltratar a los hijos y alumnos en nuestras relaciones con ellos: el menosprecio y la tutela. En otras palabras, hay sobre todo dos rasgos principales que distinguen la manera en que los educadores tratan a sus alumnos o hijos: 1. Valorar frente a menospreciar. 2. Dejar libertad de decisión frente a tutelar.

Desde muy pequeños, nuestra filosofía conversativa elegirá un camino u otro.

Valorar significa respetar. No es dar la razón por darla, no es perder autoridad, es reconocer al interlocutor (por pequeño que sea) como un interlocutor válido. «Eres aún pequeño y no lo vas a entender», «Esas son tonterías», «Hazme caso, que tengo mucha experiencia», «Porque lo digo yo» son expresiones que no toman al otro, que en este caso es nuestro hijo, como una persona plenamente válida. Menospreciar significa que la madre o el padre trata a su hijo como una persona inferior, con desprecio, humillación, con una posición de superioridad que le confiere su estatus, un mirar de arriba abajo que nunca podría darse de forma reversible; el hijo no contempla hablarle así a su madre o padre, y estos no lo aceptarían (a pesar de que ellos sí lo hagan con sus hijos).

Good manners start at home («Las buenas formas empiezan en casa»). Me lo decía muy a menudo mi madre, Pamela, que era inglesa. Y ella era consecuente con esa enseñanza.

Dejar libertad de decisión significa fomentar la autonomía de nuestros hijos, invitarlos de forma constante a pensar para distinguir lo bueno de lo malo, lo conveniente de lo inconveniente; a ir construyendo su propia vida, en vez de una prolongación de la nuestra. «Hazlo así» (proponemos erradicar el imperativo en nuestras conversaciones), «Eso se hace de esta manera» (limitando a una sola forma de solucionar una determinada acción o problema), «Ponte esa camisa, esa no es adecuada» (valoraciones subjetivas sobre las que, aparentemente, no cabe discusión), «A tres amigas mías les ha ocurrido esto» (convertir el reducido entorno de la madre o padre como las únicas referencias que son válidas) serían modelos conversacionales de tutela que proponen al padre o a la madre como única fuente de información, impidiendo que nuestros hijos nos planteen otras alternativas. La consecuencia de un modelo así es que, ya siendo personas adultas, van a ser maniqueístas (hay una forma de proceder buena; el resto son malas), lo que les impedirá construir por ellos mismos sus propias decisiones y soluciones. El estilo de los padres que ejercen la tutela en su forma de conversar se parece en muchas ocasiones al del progenitor sobreprotector que imposibilita a sus hijos despegar por su cuenta. Las conversaciones tuteladas son una tentación para los padres que quieren demostrar a sus hijos que saben más, que tienen más experiencia, que deben repetir lo que ellos han hecho, pero son un fracaso para nuestros objetivos educativos.

Dejar libertad de decisión es una buena estrategia en muchas negociaciones en otros ámbitos que no son el educativo. Dejar a nuestro interlocutor que proponga cómo resolver el conflicto va a acercar ambas posiciones o va a ofrecer una solución que no llevará a terminar con el episodio de desacuerdo.

A modo de ejemplo, supongamos que acudimos a un restaurante sin reserva y se nos indica que está todo lleno: «Lo siento, no tenemos disponibilidad de mesa para hoy». Podemos insistir mucho para que se nos conceda la oportunidad de comer en ese restaurante, incluso podemos señalar al camarero una mesa que se está quedando vacía. En ese caso, estamos tratando de tutelar el trabajo de nuestro interlocutor, que es posible que reaccione negativamente («Si le he dicho que no, es que es no»). En cambio, si le exponemos nuestro deseo y el reconocimiento de su poder («Vd. es la única persona que puede ayudarnos, haremos lo que sea, venimos de vacaciones y nos han hablado tan bien de su comida y servicio… Viendo que no hay mesa, ¿dónde me recomienda ir?»), hay algunas posibilidades de que el camarero reaccione empatizando con nuestra pretensión. No lo hemos tutelado, le hemos dado libertad de decisión. He experimentado positivamente, en tres ocasiones se ha expuesto lo que en este ejemplo.

En el cuadro (publicado en *El arte de conversar*) se observan los diferentes estilos educativos en función del cuadrante donde fijemos nuestras formas de conversar atendiendo a las dos variables mencionadas: valoración vs. menosprecio, y dejar decidir vs. tutela.

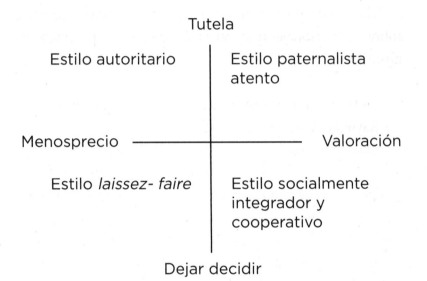

AUTENTICIDAD INTELIGENTE Y PERDÓN

Si las páginas anteriores han conseguido su propósito, el lector habrá tomado la decisión de ser un conversador más consciente, ilusionado, con la intención de mejorar sus destrezas. Habremos llegado a la conclusión de que, en función de nuestro estilo conversativo, vamos a influir como educadores de una manera u otra en nuestros hijos. Eliminaremos cualquier atisbo de manifestar nuestra superioridad (yo, arriba; tú, abajo) menospreciando o limitando a nuestros hijos. Y los ayudaremos con la conversación a introducirse en nuestro mundo, que es el suyo, atendiendo a su posible y lógico desconocimiento y poniendo todo el interés para entender su perspectiva.

Ahora nos proponemos preguntarnos sobre nosotros, sobre el personaje que nuestros pequeños perciben de nosotros.

«Tú no eres tu personaje, pero tu personaje eres tú» (Raymond Carver; leído en El decálogo del caminante de Manuel Pimentel).

Esta frase viene a decirnos que no intentemos representar a un personaje que no somos, pero que, inevitablemente, somos lo que los demás perciben de nosotros. No lo que nosotros decimos que somos.

Desde que nuestros hijos son pequeños podemos preguntarles de diferentes maneras a nuestros hijos sobre lo que perciben, esperan, desean de sus madres y padres. Así aprenderemos de ellos aspectos que quizás se nos pasen por alto o que conozcamos sobradamente pero no nos hayamos dado cuenta de que son importantes para nuestros hijos. «No me gusta cuando te enfadas», «Me gustaría que pasaras más tiempo conmigo», «A veces pienso que quieres más a mi hermano que a mí», «Me gustaría que trataras a mamá con más cariño» son algunas de las frases que los niños dicen en una conversación y que nos dan pistas para ser mejores madres y padres.

Tener unos padres auténticos es un lujo para nuestros hijos. Es un lujo al alcance de cualquiera de nosotros. «Solo» tenemos que ser nosotros mismos. Ser auténticos es mostrar nuestras emociones mientras conversamos con ellos; saber expresar que mamá o papá están tristes o enfadados, alegres o iracundos, sorprendidos o con cierto temor. Eso sí, nuestra autenticidad deberá ser una autenticidad inteligente que les aporte seguridad, que les permita saber que somos personas de fiar. Hay madres y padres que consideran que deben contarles a sus hijos sus intimidades, que les han enseñado cosas inadecuadas, han narrado episodios de sus vidas que son un mal ejemplo, creyendo así que son auténticos. Sí, efectivamente, son auténticos, pero estúpidos (entendiendo la estupidez por lo que hace daño a los dos; en este caso, a la madre o padre y a sus hijos). Utilicemos la reflexión, el sentido común y la inteligencia para que esa autenticidad tan importante pase por el filtro de la automoderación.

«Hay algo en las palabras que, ya de por sí, entraña un riesgo, una amenaza, y no es verdad que el viento se las lleve tan fácilmente como dicen» (Luis Landero).

De la conversación surgirá el temido conflicto, un territorio donde es probable que nos hagamos daño entre sí. Es el momento de liderar, de —volvemos a repetirnos— tener paciencia y docencia. Estamos ante un momento educativo muy interesante, ante la posibilidad de demostrar quién es la persona mayor, experimentada, que sabe resolver esas situaciones para sacar de ellas un resultado positivo.

Quizás nos demos cuenta de que nuestra hija o hijo se ha molestado, le hemos hecho daño. Quizás hayamos perdido la paciencia, hayamos impuesto nuestro poder sin atender a razones. Uno de los actos que más nos humanizan es el perdón. Un perdón auténtico, sin medias tintas. No es el momento de decir: «Perdón por lo que te he dicho, pero tú también me has molestado», o de poner la carga de la culpa en la sensibilidad de nuestros hijos: «Si te he molestado, te pido perdón» (queda clarísimo que le hemos hecho daño, no hace falta pedirle que reitere su molestia). Utilicemos recursos dialécticos que nos permitan demostrar uno de los valores más apreciados en la conversación: la humildad. «Te he molestado y te prometo que esa no era mi intención. Te pido perdón por ello, voy a intentar no volver a molestarte, aunque de las conversaciones a veces surge el conflicto».

Al final de este capítulo, proponemos un ejercicio poco habitual —la metaconversación— que puede ayudar a que logremos que las conversaciones adquieran un mayor nivel.

Es posible que nos preguntemos: «Pero ¿debemos pedir perdón, aunque creamos que no hemos hecho nada equivocado?». Aunque quizás estemos seguros, bajo nuestra percepción de que no hemos cometido un error, nos resultará fácil saber si hemos molestado, dolido a nuestro hijo. Y ese es el motivo por el que pedimos perdón. Desde esa posición es mucho más fácil salir del conflicto y construir algo positivo.

Las conversaciones crean una cultura en los diferentes grupos en los que participamos. Hay empresas donde el estilo conversativo es brusco, hostil, jerarquizado, y otras en las que las ideas fluyen. Lo mismo ocurre con nuestros diferentes grupos de amigos. Una familia que ha desarrollado la habilidad de saber pedir perdón en sus conversaciones es una familia con muchas ventajas a la hora de poder establecer un vínculo amoroso y positivo entre sus miembros. Nos apuntamos la frase de la psicóloga Patricia Ramírez: «El reproche es la tumba del amor».

LAS CONVERSACIONES SOBRE NUESTROS HIJOS

Reflexionemos al respecto de momentos cotidianos vinculados al ejercicio de la conversación. Por ejemplo, cuando dialogamos con otras personas delante de nuestros hijos. En esos momentos les estamos mostrando el tipo de conversador que somos. Y es aún más relevante cuando hablamos de ellos en esos momentos. El cómo conversemos con los demás representará un modelo para ellos. No podemos pretender que hablen de una forma muy distinta a la que nosotros lo hacemos. ¡Somos sus padres y nos aprenden (como dice Mar Romera)! Si, por ejemplo, durante una conversación con nuestros padres, quizás ya muy mayores, perdemos la paciencia y el respeto, es probable que nuestros hijos nos paguen con la misma moneda. Lógico, ¿verdad? Ser un buen conversador es apasionante, pero también muy exigente.

Cuando conversamos con otras personas sobre temas relacionados con nuestros hijos, tanto la forma como el contenido tienen un aspecto especialmente relevante para ellos. ¿O acaso no nos ocurre lo mismo cuando nuestro jefe en la empresa o amigo habla de nosotros a otra persona en nuestra presencia? Su opinión nos importa, queremos que lo que se vierta durante esa conversación refleje lo que nosotros entendemos que es la realidad. Según lo que se diga, sacaremos nuestras conclusiones al respecto de la conversación y la valoración que esas personas tienen cuando hablan de nosotros.

Las conversaciones en las que hablamos de nuestros hijos son muy importantes para reforzar nuestras decisiones educativas: ¿qué hemos elegido: valorar o menospreciar?, ¿tutelar o dar libertad de decisión?, ¿estar arriba y ellos debajo, o al mismo nivel?

> No aguanto que mis padres sigan hablando de mí como un perrito. ¡Tengo 18 años! Llevan toda la vida diciendo «Se porta muy bien», «No da ningún problema», «Hace todo lo que le decimos». Y ahora me doy cuenta de que esa soy yo, lo que mis padres esperan de mí y no lo que yo debo esperar de mí misma.
>
> Raquel, 18 años.

Lo que Raquel nos expresa en este testimonio es su frustración por ser valorada por su obediencia. Nos da a entender que el centro de las conversaciones que sus padres han mantenido con ella ha tenido como protagonista la tutela, el juicio, hasta el punto de que también se han convertido en el tema de conversación cuando sus padres hablan de ella delante de los demás. El vaso ha rebosado a los dieciocho años, cuando, ya adulta, se da cuenta de lo que sus padres le han robado, aunque haya sido con toda la buena intención. Raquel necesita ser Raquel y no el proyecto de Raquel que sus padres quieren que sea. Las conversaciones juegan un papel fundamental en esa percepción que nuestros hijos tienen de sí mismos.

Como antes se indicaba, en función de lo que hablemos, daremos pistas inequívocas sobre qué es lo que esperamos de ellos.

—¿Qué alegría veros? Vivimos tan cerca y llevamos sin vernos meses. ¡Anda! Pablo, ¡estás muy cambiado!, ¿cómo te va? —pregunta Isabel, una vecina muy expresiva.

La madre de Pablo, ocho años, contesta por su hijo:

—¿A que nos va muy bien, Pablo? Hemos sacado muy buenas notas en el cole, su profesora le ha escrito un mensaje muy bonito con el boletín de la primera evaluación.

La madre de Pablo hace de Pablo, manifiesta que los resultados de Pablo son también fruto de su trabajo y ha decidido lo que es más importante en la vida de su hijo: los estudios. Si Pablo quiere mantener contenta a su madre —algo que los hijos desean para sus madres—, ya sabe que lo que tiene que hacer es estudiar, sacar buenas notas.

Dependiendo de lo que y cómo hablemos con nuestros hijos, delante de ellos y sobre ellos, vamos a influir en la forma de configurar muchos aspectos cruciales en su forma de ser, de convivir, de conversar, de entender lo que los rodea y a ellos mismos.

«Es la conversación, a mi parecer, el más fructífero y natural ejercicio del espíritu. Hallo su práctica más dulce que la de cualquier acción de nuestra vida» (Michel de Montaigne).

LOS TEMAS DE LOS QUE CONVERSAMOS

Las personas mayores tenemos con frecuencia dificultades para conversar. No encontramos temas interesantes para iniciar una conversación, y la mayoría de las conversaciones son el reflejo tanto de nuestra incompetencia emocional como del escaso desarrollo de las destrezas conversativas. Ayudemos a nuestros hijos para que no repitan esos déficits que nos acompañan y no son fáciles de rectificar.

Personalmente, encuentro que el mundo de los mayores es a veces muy aburrido; para muchos, su vida gira en torno al trabajo. El trabajo se ha convertido en el centro de su vida y es el tema más recurrente y apasionante del que les gusta hablar. Consciente de ello, el neuropsicólogo Mariano Sigman acompaña su libro El poder de las palabras con un díptico titulado 99 preguntas en el que nos invita a buscar alguien con quien conversar, o preguntarnos a nosotros mismos esas cuestiones que nos propone. Las preguntas son muy variadas, y todas ellas, interesantes. Hemos extraído algunas que quizás podamos adaptar para iniciar conversaciones interesantes con nuestros hijos: ¿con quién piensas que eres más generosa y cariñosa, con quién menos? ¿Hay algo que te daba asco y ahora te guste? ¿Cuál es tu primer recuerdo? ¿Cuál es el miedo que tienes y que consideras que es ridículo? ¿Cuántas mentiras dices en un día? ¿Quiénes son las personas en las que más confías?

Elegir los temas de los que conversamos con ellos es también una forma de expresar cómo queremos que sea el mundo. De lo que hablemos con nuestros hijos es de lo que les va a interesar en el futuro más cercano, y quizás también pueda determinar los temas que les puedan interesar en el futuro. Si hablamos de solidaridad, bondad, emociones, del bien y del mal, de la empatía a nuestros hijos, les van a interesar estos temas.

Pensemos a diario de qué hemos conversado, y es probable que algunos días encontremos dificultad para encontrar una conversación interesante, provechosa. Un día sin una buena conversación es un día perdido, un día en el que no hemos reivindicado lo que nos distingue como especie. Más concretamente, repasemos de qué hemos hablado con nuestros hijos, ¿hemos tenido al menos una buena conversación?

En las buenas conversaciones con nuestros hijos, y también en cualquier otra, la palabra más importante es tú (en su versión acentuada como pronombre personal). En cambio, ¿cuántas conversaciones de las que hemos participado el protagonista es yo? A nuestros hijos les hablamos de nuestras experiencias tratando de extrapolar su intransferible momento a uno vivido anteriormente de nuestra cosecha histórica, les hablamos de nuestros conocidos como si fueran una referencia irrefutable, damos por sentado que nuestras opiniones están más fundamentadas. Con mucha frecuencia anteponemos nuestro yo a su tú. Tener éxito conversacional con nuestros hijos requerirá un interés muy especial por ellos. Por sus gustos, pareceres, por su forma de pensar, emociones vividas. Escucharemos mucho, hablaremos poco. Formulemos preguntas abiertas, como nos indicaba José Ramón Gamo en su charla, manifestando un sincero interés.

EL TONO

Podemos elegir buenos temas de conversación, poner el foco en el tú, pero, si nuestro tono no es el adecuado, nos convertiremos en interlocutores indeseables o, al menos, no deseados.

Uno de los tonos más comunes que las madres y los padres utilizamos es el drama. Convertimos una circunstancia a resolver en un drama (esta idea se la debo a Victor Küppers). Si nuestro hijo se cae en la calle, si derrama la leche, si se mancha antes de ir al cole, si nos ha hablado mal…, todo se puede resolver, pero, con frecuencia, decidimos convertirlo en un drama. Así nos sentimos más fuertes, más importantes, con más poder sobre nuestros hijos. No hay otra explicación factible. Dramatizar no es inteligente: nos llevamos un berrinche pasándolo mal, asustamos a nuestros hijos, no es nada educativo, nos distancia de ellos, laminando el vínculo.

Casi todos los dramas en casa son circunstancias a resolver. Ese, aparentemente, cambio sutil va a transformar nuestra relación en más alegre, y es posible que aparezca un aliado conveniente en nuestras conversaciones con nuestros hijos: el humor. El humor es otra peculiaridad de la especie humana que nos conviene rentabilizar. Sed conversadores con buen humor.

De mi padre lo que más me ha gustado siempre es su humor, que nos ha permitido tener una relación llena de momentos inolvidables. Gracias a su buen humor, lo que a mí me parecían grandes problemas él conseguía que me riera de ellos y lograra superarlos. Por supuesto que hemos conversado con mucha seriedad, profundamente, pero quizás no hubiera sido posible sin la conexión que entre él y yo hemos tenido y tenemos gracias a su sentido del humor.

Berta. 22 años.

LA METACONVERSACIÓN. PARA CONVERSADORES AVANZADOS

Conversar sobre nuestras conversaciones. Esa es la propuesta que encierra la metaconversación y que proponemos para llevar a cabo con nuestros hijos. Imaginemos qué bien nos sentaría llevar a cabo esa práctica en las relaciones entre adultos (con nuestras parejas, compañeros de trabajo, amigos). Conversemos sobre cómo podemos mejorar la forma de relacionarnos, de conseguir establecer pautas que nos ayuden a que nuestras conversaciones sean más placenteras, productivas, humanas. Es probable que pensemos que con otros adultos nos va a resultar difícil, por no decir que imposible, ese nivel de confianza, de sinceridad. Quizás sea imposible porque nuestras formas de conversar se han estancado, no sabríamos por dónde empezar a hablar de nuestras conversaciones sin juzgar a la otra persona o sin que la otra persona o nosotros mismos nos sintiéramos juzgados.

Por eso la metaconversación puede ser una herramienta muy útil con nuestros hijos. Estamos a tiempo, no hay una relación enviciada, podrida por los malos hábitos. En la metaconversación se proponen temas como: ¿de qué nos gusta hablar? ¿Qué ocurre cuando tenemos puntos de vista diferentes? ¿Qué sucede en el momento que nos sentimos amenazados o molestos? ¿Cómo solucionarlo? ¿Qué pactos podemos tener entre nosotros para mejorar nuestras conversaciones?

NOSOTROS. MIRÁNDONOS HACIA DENTRO

Si queremos conversar bien, necesitamos estar sanos.

«El objetivo de desarrollar una capacidad comunicativa requiere un programa de aprendizaje que fomente la salud anímica de la personalidad en su conjunto» (Friedemann Schulz Von Thun).

Necesitamos mirarnos hacia dentro. Aprender tanto de nuestros sentimientos como de las conductas que tenemos en nuestras conversaciones con nuestros hijos. Descubrir nuestros errores, poner el empeño en erradicarlos. Las madres y padres a veces anteponemos nuestro ego al éxito en las relaciones con nuestros hijos. Nos resulta difícil ser humildes, generosos, humanos con esos seres a los que queremos tanto. Necesitamos sanarnos de esos prejuicios, miedos. Primero tenemos que diagnosticarlos y ponerles tratamiento.

ALGUNOS APRENDIZAJES

La conversación es la herramienta educativa más cotidiana y potente. Aprovechémosla tomando conciencia y acercándonos a ella con ilusión.

- Somos los líderes de la relación con nuestros hijos. Necesitamos paciencia y docencia.

- La intención del buen conversador es aprender. La palabra más importante es tú.

- Evitemos pasar de jugar a juzgar. Solo hay una z de diferencia, pero un gigantesco abismo entre las dos acciones.

- Valorar frente a menospreciar. Ofrecer una libertad de decisión frente a tutelar.

- Seamos auténticos con nuestros hijos. Autenticidad inteligente (que nuestra autenticidad no sea antieducativa).

- Elegir los temas de los que hablamos con nuestros hijos es también una forma de elegir cómo queremos que sea el mundo.

- Ser un buen conversador es tan apasionante como exigente.

- La mayoría de los dramas son circunstancias a resolver. Evitemos dramatizar las conversaciones con nuestros hijos.

CAPÍTULO 5
EDUCAR LAS EMOCIONES

Begoña Ibarrola

Cuando estudiaba la carrera de Psicología, hace ya más de cuarenta y cinco años, mis profesores nos hablaron de las emociones un día, solo un día en cinco años, para decirnos que no se sabía muy bien cómo se procesaban en el cerebro, cuáles eran las funciones de cada una y cómo se podían educar. Por fortuna, la última década del siglo XX, denominada «la década del cerebro», ha permitido conocer en profundidad el fenómeno de las emociones y descubrir los procesos cerebrales implicados en ellas, lo que ha permitido abordar la educación emocional como un objetivo prioritario en muchos centros educativos del mundo.

Pero vamos a empezar con una reflexión importante que nos va a ayudar a comprender por qué aún muchas personas consideran las emociones como una parte del ser humano a ocultar o a reprimir.

Si a principios del siglo pasado la mayoría de las personas se definían como seres racionales, pienso que hoy en día la mayoría nos consideramos seres racionales y emocionales. Pero, cuando nos reconocemos como seres emocionales, no estamos diciendo que seamos irracionales. El ser emocional no es lo opuesto al ser racional, es algo complementario y significativo, y, además, emociones y pensamientos, sentir y pensar son funciones que se mezclan e interactúan, y pocas veces se expresan de forma independiente. De hecho, recientes descubrimientos de la neurociencia revelan que el cerebro emocional y el cerebro cognitivo, aunque con funciones diferentes y específicas, se relacionan casi continuamente, mandándose informaciones entre ellos en un sentido o en otro, y tomando las riendas de nuestra vida, unas veces uno y otras veces el otro.

Humberto Maturana plantea que lo humano se constituye en el entrelazamiento de lo emocional con lo racional, y que todas nuestras acciones tienen un fundamento en lo emocional. Por eso la dimensión emocional, en contraste con otras dimensiones del ser humano, ofrece respuestas al modo de funcionar de las personas ante actuaciones o decisiones no explicables con los parámetros racionales.

Son muchas las investigaciones que se han llevado a cabo en estos últimos treinta años sobre las emociones y su procesamiento cerebral, y esto ha creado un cuerpo de conocimientos importantes que ofrecen grandes aportaciones al campo de la educación.

Pienso que todos estaremos de acuerdo en considerar que la evolución tecnológica de nuestra sociedad ha sido espectacular en los últimos años, y el proceso se acelera vertiginosamente. No era fácil predecir que en una época tan tecnológica surgiera un creciente interés por la dimensión emocional y afectiva del ser humano; sin embargo, los métodos educativos y el conjunto de conocimientos, valores y actitudes que enseñamos a los alumnos y a nuestros hijos no siguen una evolución paralela. Si estos avances, que nos proporcionan tantas ventajas y comodidades, no han logrado que tengamos mayores niveles de bienestar y felicidad, algo está fallando, porque, según los datos de numerosas investigaciones, los problemas psicológicos de la población, de convivencia, de salud, y la infelicidad se incrementan año tras año.

Las aportaciones de la neurociencia sobre el mundo de las emociones, el creciente interés por generar procesos educativos de calidad que vayan dirigidos a la formación integral de los niños, el interés por el bienestar integral de las personas y las investigaciones sobre la felicidad han puesto el foco en la educación emocional, de la que muchas personas carecen.

Las emociones son una parte esencial de la experiencia humana, y, antes que seres pensantes, somos seres sensibles, si nos atenemos al resultado de las investigaciones sobre el cerebro, pues la parte de nuestro cerebro que se encarga de procesar las emociones se construye durante el desarrollo fetal, mucho antes que la parte responsable de nuestros procesos cognitivos. Esto significa que, antes que seres pensantes, somos seres que sentimos, y esto es bastante significativo.

Sin embargo, las emociones han sido temidas y despreciadas en la cultura, que ha procurado tenerlas bajo control, a veces negándolas e incluso dándoles la espalda con el pretexto de que somos seres racionales. Esto ha favorecido su represión y no darles el espacio y la importancia que merecen en el proceso educativo. Como consecuencia de ello, la dimensión emocional ha sido alejada, tanto en la cultura como en los procesos de formación, pero desde hace ya unos años se está comenzando a incorporar al mundo de la escuela y a la educación en familia.

Hoy en día, y gracias a la contribución de las neurociencias y de algunas corrientes psicológicas, nadie duda de la necesidad de una educación emocional que comience en la familia y continúe en la escuela durante toda la etapa educativa, desarrollando habilidades y competencias que van a ser necesarias a lo largo de la vida. Por este motivo, en varios países y en algunas comunidades autónomas de nuestro país, ya se ha introducido, bien de forma transversal o incluso como asignatura, como en el caso de la Comunidad Autónoma de Canarias, el desarrollo de la educación emocional como un elemento importante en el currículum educativo. Pero no podemos olvidar que la familia es la primera escuela de educación emocional.

La educación en la familia debe ser capaz de reconocer la dimensión emocional de los hijos, educarla y tenerla en cuenta en el complejo mundo de interacciones que se producen en el hogar y, después, en el colegio, pero también debe entender que el rol de padre/madre/maestro está teñido de emociones diferentes, y la tarea de educar se desarrolla en un contexto de continuas interacciones, donde lo emocional siempre está presente y debe ser tenido en cuenta.

1.º EMOCIONES Y SENTIMIENTOS

Pero ¿qué son las emociones y los sentimientos? ¿Se puede educar la dimensión emocional desde que los hijos son pequeños?

En el Diccionario de la Real Academia de la Lengua Española se define como «una alteración del ánimo intensa y pasajera, agradable o penosa, que va acompañada de cierta conmoción somática».

En el Diccionario de Neurociencia, de Mora y Sanguinetti (2004), se define la emoción como «una reacción conductual subjetiva producida por la información proveniente del mundo externo o interno (recuerdos) del individuo. Se acompaña de fenómenos neurovegetativos. El sistema límbico es parte importante del cerebro relacionado con la elaboración de las conductas emocionales».

En resumen, una emoción es una reacción que se vivencia como una fuerte conmoción del estado de ánimo; suele ir acompañada de expresiones faciales, motoras, etc., y surge como reacción a una situación externa concreta, aunque puede provocarla también una información interna del propio individuo (recuerdos y pensamientos).

Las emociones son estados complejos del organismo, respuestas globales en las que intervienen distintos componentes (Kolb, 2005):

- Fisiológicos. Se trata de procesos involuntarios, como el tono muscular, la respiración, las secreciones hormonales, la presión sanguínea, etc., que involucran cambios en la actividad del sistema nervioso central y autónomo, así como cambios neuroendocrinos y neuromoduladores.

- Cognitivos. Procesamiento de información, tanto a nivel consciente como inconsciente, que influye explícita e implícitamente en nuestra cognición y en nuestra vivencia subjetiva e interpretación de los acontecimientos.

- Conductuales. Expresiones faciales, movimientos corporales, tono de voz, volumen, ritmo, etc. que determinan conductas distintivas de especial utilidad comunicativa. Solo al expresar lo que sentimos, podemos exteriorizar un proceso que es interior.

La emoción es el resultado de un proceso de evaluación automática del entorno que nos informa de lo que es importante o no para nuestra supervivencia o adaptación. Lo adaptativo de emocionarse es que no tenemos que pensar para actuar, sino que, al emocionarnos, podemos responder o actuar con rapidez, ya que la emoción prepara nuestro cuerpo para evitar o enfrentar, defendernos o exponernos. A lo largo de la evolución se ha ido adquiriendo esta forma de reaccionar para sobrevivir, pero, al ser experiencias psicofisiológicas complejas que experimentamos los seres humanos debido a nuestra interacción con el entorno, todas sirven para algo, todas se expresan a través de un código no verbal diferente, pero su expresión debe ser educada para que su valor adaptativo se concrete. El sentimiento, sin embargo, es el resultado de relacionarnos, tomar contacto o interactuar con la emoción; es decir, de ser conscientes y poder pensar sobre ella. La posibilidad de sentir aparece en la evolución como un nivel superior de control y, por tanto, como un medio de adaptación más segura al entorno social. El sentimiento implica una participación de la conciencia y, por tanto, del cerebro más evolucionado. Algunos autores dicen que es el componente cognitivo de la emoción.

Las emociones son, por tanto, fenómenos multidimensionales caracterizados por cuatro elementos: cognitivo (cómo se llama y qué significa lo que siento), fisiológico (qué cambios biológicos experimento), conductual (hacia dónde dirige cada emoción mi conducta) y expresivo (a través de qué señales corporales y con qué tipo de comunicación no verbal se expresa).

Las diferencias individuales en la vivencia de las emociones tienen dos orígenes: la herencia y el medio. La interacción entre ambos es lo que configura las experiencias emocionales de las personas individuales. La herencia produce unos esquemas de comportamiento emocional que queda reflejado en lo que llamamos «temperamento», fácilmente observable en los bebés y en los más pequeños. Sin embargo, la influencia del entorno es fundamental, sobre todo en los primeros años de vida y en el ámbito familiar, lo que va configurando el carácter particular de cada alumno que se va forjando a lo largo de la vida.

Hijos de los mismos padres/madres pueden tener un temperamento diferente que haga que sus respuestas emocionales sean completamente diferentes, e incluso que los detonantes de cada emoción sean bien distintos. Esto lo podemos observar todos los días en la familia: lo que a un hijo le asusta a otro le fascina y le parece un reto interesante; lo que a uno le enfada a otro le produce tristeza; el plan que a uno le hace protestar a otro lo deja en la más absoluta indiferencia.

2.º TIPOLOGÍA Y FUNCIONES DE LAS EMOCIONES

Emociones primarias

La diferencia que establece entre las emociones lleva a Damásio (2000, 2007) a definir las emociones primarias como aquellas reacciones innatas, preorganizadas, del organismo ante un estímulo del medioambiente.

Desde el nacimiento, el hombre cuenta con la maquinaria neural que precisa para generar estados somáticos en respuesta a determinados estímulos. El mecanismo de las emociones primarias, sin embargo, no describe toda la gama de comportamientos emocionales.

Paul Ekman definió seis emociones primarias: la alegría, el miedo, la ira, la tristeza, la aversión o asco y la sorpresa. A estas ha agregado recientemente una séptima que está muy presente en la comunicación humana: el desdén o desprecio. Ekman constató que cada una de estas emociones se encontraba en todas las culturas y que cualquier persona de cualquier parte del mundo podía reconocer su expresión.

Todas las emociones se relacionan con un conjunto de

reacciones fisiológicas que nos impulsan a actuar en una determinada dirección:

- La ira. Es un estado de alerta que genera adrenalina a través de la activación del sistema nervioso simpático para que podamos combatir lo que en un momento se interpreta como una amenaza. En su acepción más positiva, la ira tiene como objetivo darnos fuerza para protegernos y poder sobrevivir, pero muchas veces la mostramos cuando no la necesitamos. Esta emoción tiene muchas consecuencias a nivel fisiológico y de comportamiento: el pulso se acelera, el corazón late rápido, la respiración se agita; pero también conlleva que las personas a su alrededor se sientan incómodas, con miedo y deseos de alejarse. La sangre fluye hacia las manos facilitando que se utilicen como defensa, y también sube al rostro, por eso cuando estamos muy furiosos podemos enrojecer. Como toda emoción, se puede sentir con diferentes niveles de intensidad, a los que corresponden términos diferentes. La ira se aso- cia con la furia, resentimiento, cólera, indignación, fastidio, hostilidad, etc., y, en un nivel patológico, con la psicopatía.

- El miedo. La sangre se retira del rostro (lo que explica la palidez y la sensación de «quedarse frío») y fluye a la musculatura esquelética larga, como las piernas, por ejemplo, favoreciendo así la huida, y a los brazos, para permitir respuestas de lucha. Al mismo tiempo, el cuerpo parece paralizarse, aunque solo sea un instante, para calibrar, tal vez, si el hecho de ocultarse pudiera ser la respuesta más adecuada. Las conexiones nerviosas de los centros emocionales del cerebro desencadenan también una respuesta hormonal que pone al cuerpo en estado de alerta general, sumiéndolo en la inquietud y predisponiéndolo para la acción, mientras la atención se fija en la amenaza inmediata con el fin de evaluar la respuesta más apropiada. El miedo se asocia con ansiedad, nerviosismo, preocupación, inquietud, cautela, pánico, etc., y, en un nivel más profundo y patológico, con la fobia.

• La alegría. Hay un aumento en la actividad de un centro cerebral que se encarga de inhibir los sentimientos negativos y de aquietar los estados que generan preocupación, al mismo tiempo que aumenta el caudal de energía disponible. En este caso, no hay un cambio fisiológico especial, salvo, quizás, una sensación de tranquilidad que hace que el cuerpo se recupere más rápidamente de la excitación biológica provocada por emociones perturbadoras. Esta condición proporciona al cuerpo un reposo, un entusiasmo y una disponibilidad para afrontar cualquier tarea que se esté llevando a cabo y fomentar también la consecución de una amplia variedad de objetivos. Es la emoción que más favorece el contacto social y la comunicación. Se asocia con placer, deleite, diversión, gratificación, euforia, éxtasis, etc. y, en un extremo patológico, con la manía (trastorno bipolar).

- La tristeza. La tristeza tiene una función adaptativa en caso de una pérdida significativa. La tristeza desencadena una caída de la energía y el entusiasmo por las actividades de la vida, sobre todo por las diversiones y los placeres; frena el metabolismo del organismo e induce al aislamiento y recogimiento. Nos ayuda a reflexionar, provoca un aumento de la creatividad al contactar con nuestro mundo interior, en lugar de dirigir la energía hacia el mundo exterior, como hace la alegría. Es una emoción muy selectiva, pues nos hace vulnerables. Se asocia con la pena, la desilusión, la añoranza, la melancolía, el abatimiento, etc. En casos muy profundos y en su extremo patológico, la tristeza puede desembocar en depresión.

- La sorpresa. Es una emoción básica, ambigua y rápida. Dura muy pocos segundos y le sigue otra emoción. Tiene la función de preparar a la persona para un acontecimiento imprevisto, ya que enfoca la atención en aquello que destaca debido a su novedad. El levantar las cejas en expresión de novedad o sorpresa permite ampliar el campo visual y que llegue más luz a la retina; esto ofrece más información sobre el hecho inesperado, lo cual facilita cualquier análisis y permite idear el mejor plan de acción.

- El asco. Es una emoción universal necesaria para asegurar la supervivencia, ya que nos protege de la ingestión de sustancias y objetos peligrosos para el organismo, o del contacto con algo que huele mal. Mal regulado, puede conducir a un TOC (trastorno obsesivo-compulsivo). Según lo ha sugerido Darwin, el gesto facial de asco aparece como un intento por bloquear las fosas nasales en caso de probar una sustancia desagradable o de que exista necesidad de escupirla.

Es importante reconocer que cada emoción puede tener distintos niveles de intensidad, por lo cual existen términos diferentes. Por ejemplo, una persona puede estar de mal humor porque espera que la avisen de algo y piensa que alguien se ha olvidado de avisarla, mientras otra muestra su indignación por no avisarla a tiempo. Las dos están enfadadas, pero la intensidad de su enfado difiere y, en consecuencia, también su forma de expresar la emoción.

También debemos tener en cuenta que la intensidad de una misma emoción puede convertirla en positiva o negativa para distintas actividades. Por ejemplo, un determinado nivel de ansiedad en un niño puede mejorar su rendimiento y su esfuerzo por demostrar lo que sabe en un examen. Pero, si tiene mucha ansiedad, no alcanzará su máximo nivel y se puede bloquear. Un actor puede ser estimulado por la ansiedad y así mejorar su actuación, pero, si esa ansiedad se convierte en miedo, al salir al escenario saldrá limitado.

Emociones secundarias

Si las emociones primarias son como la materia prima a partir de la cual se pueden «fabricar» todas las demás emociones, mediante el aprendizaje es factible adquirir emociones ligadas a multitud de situaciones y circunstancias de la vida cotidiana. Hablamos entonces de emociones secundarias. Estas emociones están influidas por las normas sociales en las que hemos sido educados; por tanto, se valorarán de forma diferente en función de la cultura, las experiencias pasadas, las creencias personales o el entorno social. Si hacemos una valoración diferente de un acontecimiento, la reacción emocional será también diferente.

Las emociones secundarias son las consideraciones conscientes, deliberadas, que se conservan de una persona o situación. Se presentan bajo la forma de imágenes mentales organizadas en un proceso de pensamiento. A nivel no consciente, redes de la corteza prefrontal responden de manera automática e involuntaria a señales que surgen del procesamiento de las imágenes. Son adquiridas, no innatas.

La culpabilidad, los celos, la desconfianza, la vergüenza… son emociones ligadas a la educación y a la cultura. De hecho, en la nuestra existe la vergüenza ajena, pero en otras culturas ni siquiera existe el concepto, y menos aún el sentimiento asociado.

Los sentimientos de culpabilidad no son innatos, son aprendidos en función de una asociación que se hace entre diversas situaciones y sus consecuencias. Pero, al igual que las emociones primarias, cada una de ellas induce a determinados comportamientos.

Por ejemplo, una persona siente vergüenza de hablar ante un grupo. Cada vez que le toca hacerlo, se imagina que no le salen las palabras adecuadas, pero hay otro compañero al que esta situación no le provoca vergüenza, sino todo lo contrario, le encanta ser protagonista y que todo el mundo lo escuche. Seguramente la primera persona ha tenido alguna experiencia similar que se ha quedado grabada en su cerebro asociada a un sentimiento de humillación, mientras que el segundo ha grabado emociones positivas asociadas al reconocimiento y a un aumento de su autoestima.

Las emociones cumplen muchas y variadas funciones que se podrían resumir en siete:

1.º Sirven para defendernos de estímulos nocivos (enemigos) o aproximarnos a estímulos placenteros o recompensas (agua, comida, juego, etc.) que mantengan la supervivencia. En este sentido, las emociones son, además, motivadoras, es decir, nos mueven o empujan a conseguir lo que es beneficioso para el individuo y la especie, o a evitar lo que es dañino.

2.º Hacen que las respuestas del organismo (conducta) ante acontecimientos (enemigos o alimento) sean polivalentes y flexibles. Son reacciones que ayudan a encontrar no una única respuesta fija ante un determinado estímulo (como es un reflejo), sino que, bajo la reacción general de alerta, el individuo escoge la respuesta más adecuada y útil entre todo el repertorio posible.

3.º Sirven a las funciones de los puntos anteriores alertando al individuo como un todo ante un estímulo específico. Tal reacción emocional incluye la activación de múltiples sistemas cerebrales (sistema reticular, atencional, mecanismos sensoriales, motores, procesos mentales), endocrinos (activación suprarrenal medular y cortical, y otras hormonas), metabólicos (glucosa y ácidos grasos), y, en general, la activación de muchos de los sistemas y aparatos del organismo (cardiovascular, respiratorio, etc., con el aparato locomotor y músculo estriado como centro de operaciones).

4.º Mantienen la curiosidad y, con ello, el interés por el descubrimiento de lo nuevo. De esta manera ensanchan el marco de seguridad para la supervivencia del individuo y lo llevan a explorar lo desconocido.

5.º Sirven como lenguaje para comunicarse unos individuos con otros (de la misma especie o de especies diferentes). Es una comunicación rápida y efectiva;

además, crea lazos emocionales que pueden tener claras consecuencias de éxito tanto para la supervivencia física como para la social.

6.º Sirven también para almacenar y evocar memorias de una manera más efectiva. A nadie se le escapa que todo acontecimiento asociado a un episodio emocional, tanto si este tuvo un matiz placentero o de castigo (debido a su duración o a su significado), permite un mayor y mejor almacenamiento y evocación de lo sucedido. Y eso tiene claras consecuencias para el éxito biológico, así como para el social, del individuo.

7.º Las emociones y los sentimientos son unos mecanismos que juegan un papel importante en el proceso de razonamiento. Los conceptos abstractos creados por el cerebro, los procesos cognitivos en general, se crean en las áreas de asociación de la corteza cerebral con información que ya viene impregnada de colorido emocional, con la etiqueta de «bueno» o «malo».

Se piensa ya con significados emocionales —gratificantes o dolorosos, alegres o tristes, etc.—. Y de ahí que, sobre esa base, la emoción juegue un papel fundamental en la toma de decisiones conscientes por la persona.

3.º EL DESARROLLO DE COMPETENCIAS EMOCIONALES

Debemos educar las emociones de los hijos desde bien pequeños, teniendo en cuenta que no pueden evitarlas, pero sí pueden aprender a gestionarlas y expresarlas de forma adecuada si han recibido una buena educación emocional.

Este tipo de educación aporta herramientas que previenen conductas de riesgo y, a largo plazo, está asociado con el éxito personal, profesional, la salud y la participación social, según numerosas investigaciones realizadas en Estados Unidos, España y Reino Unido. Según sus resultados, la educación emocional se convierte en una forma de prevención inespecífica que puede tener efectos positivos en la prevención de actos violentos, del consumo de drogas, del estrés, de la depresión, de la salud en general, y en algo que preocupa a toda la sociedad, como es el fracaso escolar o el bullying.

La educación emocional debería pivotar alrededor de las competencias principales de la inteligencia emocional, y cada una de ellas puede subdividirse en diferentes habilidades, que se desarrollan a medida que se ponen en práctica. Explicaré cada una de ellas y os daré ejemplos de cómo podéis desarrollarlas en vuestros hijos.

Conciencia emocional

La conciencia emocional es la capacidad para tomar conciencia de las propias emociones, saber la causa de cada una y saberlas expresar de forma verbal y no verbal.

La percepción de nuestras propias emociones implica saber prestar atención a nuestro propio estado interno. Pero estamos muy poco acostumbrados a hacerlo, y es preciso aprenderlo desde pequeños. Existen numerosas actividades que puedes hacer con tus hijos para que se den cuenta de la emoción que sienten y que aprendan a prestar atención a las señales corporales que acompañan su aparición.

Otro elemento importante es aprender a identificar y a poner nombre correctamente a cada una. Hablar sobre nuestras emociones incrementa nuestra capacidad de control de las situaciones, la reparación de un estado de ánimo alterado y la búsqueda de soluciones a los problemas. Aprender a identificar y transmitir las emociones es una parte importante de la comunicación y un aspecto vital del control emocional.

Cuando un niño pone nombre a las emociones y sentimientos, comienza a «apropiarse» de ellas. Este es el primer paso para aprender a expresarlas de forma adecuada. Solo cuando sea capaz de darse cuenta de lo que siente, estará preparado para poderlas controlar. Las personas que identifican claramente lo que están sintiendo tienen mayores habilidades para enfrentarse a sus problemas emocionales y experimentan mayores niveles de bienestar emocional.

También es importante que enseñéis a vuestros hijos a evaluar su intensidad: es preciso detectarlas en el momento en que aparecen, con poca intensidad en principio para que sean capaces de controlarlas sin esperar a que los desborden.

Por último, también supone comprender las causas de lo que sienten y utilizar tanto el lenguaje verbal como la comunicación no verbal para expresar sus emociones.

Puedes ayudar a tus hijos a hacer lo siguiente:

- Identificar lo que sienten en diferentes momentos del día.

- Utilizar un vocabulario emocional adaptado a su edad, que se vaya ampliando poco a poco.

- Conocer la expresión gestual que acompaña a cada emoción, así como el tono de voz, si ya es capaz de detectar sus diferencias.

- Buscar y nombrar las causas de sus emociones básicas: alegría, tristeza, enfado y miedo.

- Identificar su nivel de intensidad, si es poca alegría o mucha alegría, si le da un poco de miedo o mucho miedo, etc.

- Identificar los cambios corporales que acompañan a las diferentes emociones.

- Conocer qué suele hacer cuando siente tal o cual emoción, lo que no significa que la respuesta siempre sea la misma, pero suele haber ciertas tendencias. Reflexionar y comentar con ellos cuando ya son un poco más mayores, a partir de los seis o siete años: ¿qué pienso cuando siento tal emoción? Y ¿cómo me comporto cuando siento…? Es importante que vayan descubriendo la relación entre sentir, pensar y actuar.

- Hablar sobre lo que las personas sentimos ante diferentes situaciones: muerte de un ser querido, fracaso en un examen, traición de un amigo, premio en un sorteo, no conseguir objetivos, esperar algo que no sucede, etc.

Regulación emocional.

La gestión o regulación emocional es la capacidad de controlar y encauzar adecuadamente las emociones e impulsos perturbadores. Podemos expresar todo tipo de emociones, no es adecuado reprimirlas, pero debemos expresarlas de forma adecuada, que no haga daño a nadie, ni a los demás ni a uno mismo. Si las reprimimos, el cuerpo empieza a responder a esa tensión interior con diferentes síntomas, y se produce una implosión, pero, si las expresamos de forma inadecuada o como explosión emocional, podemos hacer daño a los demás con nuestras palabras, actitudes o conductas, en general.

Esta capacidad para regular los impulsos y las emociones y expresarlas de forma adecuada implica conocer estrategias de autocontrol emocional, aprender a expresar de forma adecuada las emociones y tener tolerancia a la frustración.

Para desarrollar esa regulación interior se deberían preservar los límites del respeto y la autonomía, de manera que permitieran al niño ser libre, dentro de su marco social, y no dependiente extremo. Por tanto, no debería basarse en un control extremo de los propios impulsos ni en la culpabilización por sentir determinadas emociones, sino en un reconocimiento de los sentimientos (todos ellos, lícitos) y un progresivo dominio de formas de expresión respetuosa, que no hagan daño a nadie, como hemos dicho.

En la primera infancia, el niño carece de la capacidad de regular por sí mismo sus estados emocionales y queda a merced de reacciones emocionales intensas. La corregulación afectiva solo puede tener lugar en el contexto de una relación con otro ser humano. El contacto físico y emocional —acunar, hablar, abrazar, tranquilizar— permite al niño establecer la calma en situaciones de necesidad e ir aprendiendo a regular por sí mismo sus emociones. Si un niño llora sin ser consolado, se encuentra solo en el aprendizaje del paso del malestar a la calma y al bienestar, y no podrá hacerlo de forma autónoma cuando sea un poco mayor.

Antes de los tres o cuatro años no podemos hablar, por tanto, de autorregulación, sino que son los adultos los que debemos acompañar al niño desde la calma y proporcionarle estrategias para salir de esa emoción que le produce malestar o para expresarla de una forma adecuada. No son completamente autónomos a la hora de gestionar la frustración, diferir la gratificación o cambiar su estado emocional, aunque, a medida que van desarrollando estas habilidades emocionales, pueden conseguirlo antes.

La adquisición receptiva y expresiva del lenguaje en los primeros seis años de vida tiene un efecto muy significativo en la capacidad del niño de controlar e influir sobre sus emociones, ya lo he comentado. Cuando son capaces de hablar de sus emociones, han adquirido una herramienta poderosa de regulación.

El manejo de las propias emociones, la autorregulación, es una de las destrezas clave para mantener un buen nivel de bienestar que todos debemos aprender desde niños, pues además favorece un buen clima de relación en los ambientes sociales.

Puedes ayudar a tu hijo a desarrollar esta competencia:

- Legitimando su emoción, sea la que sea, pero no aceptando cualquier forma de expresarla.

- Enseñándolo a entrar en calma cuando lo veas ansioso, nervioso o excitado.

- Dedicando todos los días un rato a una actividad de relajación para que aprenda a calmarse solo cuando lo necesite.

- Ayudándolo a encontrar alguna actividad o hobby que lo ayude a sacar sus tensiones y a disfrutar.

- Valorando cualquier momento donde veas que está controlando su emoción y no la expresa de forma negativa.

- Buscando estrategias que lo distraigan cuando la intensidad de la emoción va en aumento. La distracción permite bajar la intensidad y regular su expresión.

- Poniéndole límites y normas claras para que aprenda poco a poco que todo no lo puede elegir.

- Elogiando cada situación en la que consiga esperar y/o tolerar la frustración.

- Ayudándolo a descubrir cuándo está estresado, nervioso, o tiene un nivel de ansiedad alto, para que se dé cuenta de que en ese estado todos sus rendimientos son inferiores o de peor calidad, incluso se puede bloquear ante un examen.

- Prestando atención a su forma de pensar en negativo y cambiando esos pensamientos negativos por otros más positivos.

Autonomía emocional

Uno de los objetivos de la educación emocional es que el desarrollo emocional vaya siendo autónomo, es decir, que la persona pueda relacionarse y vivir sin sumisión afectiva con respecto a los demás. Sin embargo, es importante reconocer que el juego de tensiones entre autonomía y dependencia se mantiene toda la vida y forma parte del crecimiento emocional sano de la persona.

Una vinculación afectiva exagerada puede conllevar dependencia emocional, una necesidad extrema de otra persona. En el punto opuesto está la desvinculación afectiva, que se caracteriza por la incapacidad de establecer relaciones afectivas con otras personas. Tanto la desvinculación como la dependencia pueden causar dificultades en las relaciones interpersonales; es por ello por lo que se debe impulsar en los niños, en primer lugar, un proceso de apego seguro, para después guiarlos poco a poco hacia el proceso de autonomía que los capacite para descubrir, cuando maduren, el concepto de «interdependencia».

La necesidad de ser sostenido emocionalmente por otro y la búsqueda e interés en la relación humana son rasgos de salud mental que el niño manifiesta desde el comienzo de su vida. El sostén emocional se da en el marco de un vínculo estable, un vínculo de apego, con los cuidadores primarios. La estabilidad y la previsibilidad en el vínculo con sus cuidadores le permiten al niño construir una relación de apego seguro. Esta competencia es importante como elemento de prevención de cualquier tipo de adicción y dependencia emocional.

La dependencia emocional se evita cultivando el amor propio, la autoestima, la automotivación y el autoconocimiento. Es la clave para generar relaciones saludables con uno mismo y con los demás. La autonomía no implica la negación del otro. En la convivencia no se es independiente, se es autónomo e interdependiente.

Puedes ayudar a tu hijo a desarrollar esta competencia:

- Devolviéndole una imagen positiva y ajustada de sí mismo, desde la aceptación y el amor incondicional, para que desarrolle una buena autoestima.

- Reforzándolo en sus logros, sin recalcar sus fracasos.

- Asegurándole tu amor, independientemente de sus logros y comportamiento.

- Facilitando su toma de decisiones en temas que tengan que ver con la salida de un conflicto o en situaciones sencillas, adaptadas a su edad y a su capacidad para elegir.

- Animándolo a ponerse metas y objetivos adecuados a su edad y madurez; a enfrentarse a retos y aprendizajes nuevos.

- Animándolo a ver el lado positivo de las cosas que le suceden.

- Permitiendo que sea cada vez más autónomo y asuma las consecuencias de sus actos.

- Ayudándolo a descubrir sus talentos e inteligencias.

- Enseñándolo, sobre todo a partir de los seis años, a descubrir cuándo su comportamiento es sumiso y dependiente, o motivado por una necesidad de aceptación por parte de sus compañeros.

Competencia social

Constituye un conjunto de habilidades que facilitan las relaciones interpersonales satisfactorias. Siempre que hay relación, hay emoción; es muy difícil que se den situaciones neutras, emocionalmente hablando. La escucha, la capacidad para la empatía, la capacidad para resolver conflictos, la comunicación asertiva son habilidades sociales e interpersonales que mejoran nuestra integración social.

Aprender y desarrollar estas habilidades es fundamental para conseguir unas relaciones óptimas con los otros, puesto que en ellas se viven y se experimentan emociones, tanto agradables como desagradables.

Vuestro hijo, después de conocerse, quererse, motivarse y gestionar sus emociones, debe también adquirir la capacidad para interactuar con otros de manera socialmente aceptable y eficaz, ya que el éxito en la escuela no solo implica el desarrollo de habilidades cognitivas, sino también aprender a entablar amistades, desarrollar la capacidad de interactuar en grupos y adquirir comprensión de uno mismo y de la propia conducta. Todas estas habilidades son igualmente importantes y significativas, sobre todo la empatía y la comunicación asertiva, que le posibilitarán una mejor respuesta ante situaciones de conflicto.

Todos los seres humanos, como seres sociales que somos, estamos destinados a convivir con nuestro grupo de iguales desde pequeños. Nos sentiremos más integrados en la medida que sepamos comunicarnos de forma efectiva con los demás, nos sintamos capaces de resolver los problemas que surjan en el día a día y podamos expresar en libertad nuestras necesidades, opiniones y sentimientos.

Pero también es importante que la integración social de un niño vaya acompañada de una sensación de bienestar subjetivo, y esto solo se consigue cuando se siente acogido y valorado por el grupo de iguales y desarrolla herramientas para comunicarse de forma eficaz.

Para ayudar a tu hijo a desarrollar esta competencia puedes:

- Ser empático con él y ponerte en su lugar con frecuencia, reflejando lo que le pasa.

- Buscar momentos cada día para que se sienta escuchado, así aprenderá también a escuchar.

- Valorar cualquier momento donde veas que está mostrando empatía por sus compañeros, amigos o mascotas.

- Preguntarle, después de contarle un cuento, por las emociones que sienten los personajes en diferentes situaciones.

- Ayudarlo a tomar conciencia de los sentimientos que provoca su conducta en los demás.

- Animarlo a dar su opinión sobre algunos temas, a hablar de sus necesidades e intereses.

- Animarlo a expresar sus opiniones con respeto, aunque sean diferentes a las de sus amigos o compañeros.

- Enseñarle a resolver pequeños conflictos por sí mismo.

- Demostrándole que se puede decir que «no» a algo con lo que no está de acuerdo, haciéndolo de forma educada pero, a la vez, contundente.

- Animándolo a que sea selectivo al elegir los amigos; no todos merecen su amistad, y es importante que sepan elegir bien.

4.º LA EDUCACIÓN EMOCIONAL EN FAMILIA

Toda familia pretende educar a los hijos para que sean felices, eso nadie lo duda, pero el modo de conseguirlo varía considerablemente de unas familias a otras.

Uno de los factores que facilita conseguir ese objetivo está precisamente en cómo se maneja el mundo emocional de todos los miembros de la familia, tanto de la pareja como de los hijos. Por lo tanto, una parte importante de nuestra felicidad y la de nuestros hijos tiene que ver con el manejo de las emociones y sentimientos.

Es preciso comprender que la base de la educación emocional se forma dentro de la familia y no únicamente en la escuela. Por eso podemos aprender y enseñar a nuestros hijos desde bien pequeños a reconocer lo que sentimos, saber expresar nuestras emociones de forma adecuada, saber lo que sienten los demás, asumir las responsabilidades de cada momento, saber tomar decisiones, etc. Estas son algunas de las habilidades que se pueden aprender en familia y que son necesarias para nuestro bienestar y para una convivencia «nutritiva» en el hogar.

Los padres dedicáis una gran parte de vuestro tiempo a enseñar a vuestros hijos reglas de expresión emocional que están de acuerdo con las normas de vuestra familia de origen y vuestra cultura. Por eso es importante reflexionar sobre las reglas que nosotros recibimos cuando éramos niños.

Si pensamos en nuestra infancia, seguramente nos vienen a la cabeza recuerdos de situaciones muy diversas. Por una parte, encuentros entrañables compartidos con seres queridos y con los cuales los vínculos afectivos y personales proporcionaban una confianza y sentimientos especiales. Por otra, momentos de dificultad en los que la convivencia y el entendimiento de unos con otros, así como el manejo de las emociones que tenían lugar ante una discusión, un conflicto o un cambio, se convertían en un reto para la familia, que a veces no se resolvía de la forma más adecuada.

Al hacernos mayores, empezamos a percibir la complejidad que se esconde detrás de la comunicación emocional entre personas. Y al convertirnos en padres, tomamos además conciencia de la dificultad de educar y enseñar a nuestros hijos cómo navegar en ese mar encrespado de las emociones.

Con demasiada frecuencia también, resultamos torpes o pobres a la hora de expresar adecuadamente los sentimientos, limitándonos a decir si estamos bien, mal, regular, o expresiones como «Esto me ha afectado poco», «Significa mucho para mí», «No me deja indiferente», etc.

En otros casos, somatizamos la expresión de sentimientos con explicaciones del tipo «Tengo un nudo en la garganta», «Se me encoge el corazón», «Estoy paralizado», etc. Todas estas expresiones, lejos de aproximarnos a la identificación del mundo de nuestras emociones, las difuminan en vocablos poco precisos que impiden tomar conciencia y expresarnos como en verdad querríamos hacer. Es lo que los psicólogos llamamos «niebla emocional», que nos impide reconocer en realidad las emociones que se presentan, dificultando en gran medida su gestión.

Existen centenares de emociones y muchas mezclas y variaciones, pero ya desde el nacimiento, y aun antes de nacer, el ser humano experimenta sentimientos intensos, como rabia, disgusto, afecto, y responde a la cara y al tono de voz del adulto. El bebé es muy sensible al estado emocional de quien lo cuida, por eso todas las interacciones modelan al niño —no hay ninguna interacción que sea neutra emocionalmente—, y este muy pronto percibe cómo siente el mundo que lo rodea.

Los niños, al igual que los adultos, van a experimentar diversos sentimientos como consecuencia de los acontecimientos que se suceden diariamente en su vida. Sin embargo, a diferencia de estos, la búsqueda de referentes y soportes seguros sobre los que apoyarse coloca al niño, en sus diferentes etapas evolutivas, en una situación de mayor vulnerabilidad y desprotección frente a los sucesos adversos o cambiantes de su entorno.

Desde bebés, el modo en que la madre reacciona cuando el niño sonríe o llora constituye todo un ejemplo de acompañamiento emocional, de respuesta a las emociones del otro en ambos sentidos. Este vínculo que se forja ya desde tan pequeños proporciona también el vehículo más sencillo a través del cual los padres podéis enseñar a vuestros hijos cómo relacionarse, comprender y conectar con las emociones de otra persona, y encauzar los propios sentimientos, lecciones fundamentales que marcarán su futuro.

La sensación de seguridad; la confianza en el adulto, que es una de las necesidades emocionales según Erikson; el verse comprendido en estos primeros momentos de nuestra vida son ya un primer paso para más adelante encarar sucesivos encuentros con compañeros, amigos y parejas.

Desde los dos a los cinco años maduran las emociones sociales, sentimientos como inseguridad, celos, envidia, orgullo, confianza, pues requieren la capacidad de compararse con los demás.

A medida que pasan los años, el modo en que el niño afronta una situación de crisis —por ejemplo, una pelea en el colegio o un problema en la clase— va a ser reflejo en buena medida del modo en que la familia afronta las crisis.

Si ese entorno es sano emocionalmente, el niño se sentirá protegido aun en medio de los acontecimientos más desfavorables, aumentando y haciendo valer su capacidad de resiliencia, de afrontar y sobreponerse a los acontecimientos.

Un ataque de enfado y rabia de un niño, por ejemplo, puede ser una oportunidad única. Lo ideal sería que el padre o la madre no se enfade igual que el niño, aumentando la gravedad de la situación, pero que, al mismo tiempo, no muestre una actitud pasiva, abandonando al niño a su suerte por no querer dar mayor importancia a los hechos.

Si, en lugar de quedarse en estos extremos, los padres lográis legitimar y contener su enfado, no dejándose arrastrar por él, y conseguís contactar con vuestro hijo, ayudándolo a encauzar su propia rabia, habréis dado un gran paso.

Esto no quiere decir que viváis en un permanente estado de tranquilidad, sino que el entorno sea lo suficientemente flexible como para poder recuperaros de una situación difícil con cierta rapidez y con las menores consecuencias posibles.

Se ha demostrado que el factor más importante para el bienestar familiar es la expresión de emociones positivas con mayor frecuencia que la expresión de emociones negativas, tanto en la pareja como entre los padres y los hijos, como entre los hermanos.

Cuando hay peleas o enfados entre hermanos, cuando tienen problemas con los compañeros o profesores, etc., nuestros hijos sienten emociones como la rabia, el enfado o la tristeza, y no siempre hemos sabido encontrar la mejor forma de reaccionar o afrontar el problema para ayudarlos a enfrentar esas situaciones y a generar recursos para solucionarlas.

Es lógico, en muchas ocasiones actuamos por intuición debido a que la mayoría de nosotros no recibimos en nuestra infancia clases sobre educación emocional. En este sentido, hemos ido creciendo de forma más o menos «asilvestrada», lo que ha provocado ciertas carencias en nuestro desarrollo emocional y, a veces, conductas equivocadas.

También es habitual que haya madres o padres que se muestren satisfechos con la alegría de sus hijos y, en cambio, se pongan nerviosos cuando muestran enfado, tristeza o miedo.

Oímos hablar de emociones positivas o negativas, pero debemos comprender que son positivas o negativas en función de cómo nos hagan sentir: unas nos provocan bienestar, y otras, malestar, pero todas tienen funciones importantes y diferentes.

Por ejemplo, el miedo es algo necesario, pues su función es hacernos tomar conciencia de una amenaza, de un peligro, para permitirnos actuar de tal forma que podamos protegernos. Es, por tanto, un mecanismo de supervivencia para todos, adultos y niños, aunque lo sentimos en diferentes ocasiones y por distintos motivos a medida que vamos creciendo.

Los miedos se vuelven más evidentes en vuestro hijo cuando empieza a utilizar el lenguaje. El acceso a las palabras, a los signos, favorece la toma de conciencia de los peligros existentes.

Cuando vuestro hijo, por ejemplo, tiene miedo a la oscuridad o a que haya alguien debajo de su cama, no sirve responderle de manera lógica porque un miedo no se racionaliza.

La pregunta que debéis hacer no es ¿por qué tienes miedo?, sino ¿qué puedo hacer para que te sientas seguro? Él mismo nos dará la respuesta si estamos atentos a lo que necesita. Otras veces será adecuado acompañarlo para que se enfrente a sus miedos, si así lo quiere; otras veces será suficiente con aportarle seguridad y confianza en su valor interno; si el adulto está disponible, sabrá cómo debe actuar en cada momento.

También todos nos sentimos tristes en algún momento de la vida, por eso no tiene sentido «apagar» estas mismas emociones cuando las observamos en nuestros hijos. La tristeza sirve para hacernos aceptar lo que no podemos cambiar y se produce ante la pérdida de un objeto o de una persona, obligándonos a replegarnos sobre nosotros mismos y a reflexionar.

El hijo debe tener permiso para sentir tristeza si los padres lo acompañan en esa emoción, si lo protegen, si lo abrazan, si le facilitan que siga llorando y no lo cortan. Si le dicen que no llore, o distraen su atención, le cortan la emoción, y eso, una vez, y otra, y otra, y otra vez, le niega el permiso para sentir. Le pedimos al niño que deje de llorar porque no sabemos qué hacer con ese llanto y tememos cómo nos van a afectar esas lágrimas a nosotros, cómo nos van a revolver. De hecho, una de las claves es que los padres aprendan a gestionar su propia angustia ante las emociones de los hijos. Porque tendemos a parar la emoción de los niños para no tener que enfrentarnos a las emociones que generan en nosotros.

Aceptar que nuestro hijo puede pasar momentos de tristeza supone aportarle consuelo, si lo necesita, o un cierto alejamiento, si así lo pide, pero para los padres siempre es doloroso ver sufrir a un hijo, sea por el motivo que sea. Sin embargo, a través de esas experiencias, van creciendo y madurando. De nuevo es necesaria esa presencia del adulto, disponible ante el hijo para lo que necesite, sea consuelo, escucha, respeto a su soledad, etc.

¿Y para qué sirve el enfado? Sirve para movilizar nuestra energía con el fin de hacer que cambien las cosas, los comportamientos de los demás o los nuestros. Es muy común que, en nuestros hijos pequeños, surja como respuesta a una frustración; en los más mayores, cuando se ponen trabas a su libertad o alguien se entromete en su territorio. En todo caso, es bueno mostrar el enfado, solo hay que aprender a «enfadarse bien». Como decía Aristóteles en su Ética a Nicómaco: «Cualquiera puede enfadarse, eso es algo muy sencillo. Pero enfadarse con la persona adecuada, en el grado exacto, en el momento oportuno y del modo correcto, eso, ciertamente, no resulta tan sencillo».Ahora bien, no es lo mismo ver a niños con una rabieta o peleándose en un parque. Lo que aparentemente es una expresión de rabia auténtica y sana es muchas veces un intento de manipulación del niño, que muestra emociones falsas para salirse con la suya. Las rabietas son efectivas porque a los padres les produce tanta angustia la rabia del niño que le dan lo que quiere. Lo que hay que descubrir es qué es lo que realmente siente el niño para tener esa rabieta, cuál es la necesidad que se oculta detrás y dar la respuesta adecuada. Puede estar pidiendo a gritos que le pongamos límites, puede estar demandando atención; siempre debemos investigar qué hay detrás de una rabieta o un enfado y actuar en consecuencia.

La alegría sirve para compartir con los demás y es la emoción que favorece el encuentro en familia, que permite compartir los buenos momentos y favorece un clima emocional sano. Pero es imposible estar siempre contento, aunque es deseable buscar pequeños momentos para celebrar las pequeñas cosas positivas de cada día.

La alegría nos indica que hemos cumplido un objetivo o que hemos triunfado en algo, o también que hemos superado una prueba. Es la emoción que más aumenta nuestro nivel de bienestar.

Es muy positivo descubrir todos los días algo por lo que nos sentimos felices los miembros de la familia, pequeñas cosas que nos han alegrado el día, gestos amables que hemos recibido o noticias que nos ayudan a sentirnos bien. Compartir esta información en la cena, por ejemplo, hace que nuestros hijos se den cuenta de que, a pesar de los problemas, las dificultades, los malos momentos, también existen esos buenos momentos que valorar.

El amor es una de las emociones en las que se debe basar cualquier relación en el seno de la familia. Es la emoción que nos da la vida y nos conecta con todo lo que nos rodea. El amor de los padres a los hijos permite que estos crezcan, se desarrollen y evolucionen: ayuda a los hijos en forma de apoyo a dar los pasos necesarios para crecer y madurar, proceso no siempre fácil.

Todo niño debe sentirse querido para crecer de forma sana, pues el amor es la emoción fundamental de la que todos nos nutrimos. Se ha demostrado que los seres humanos somos seres biológicamente amorosos y tenemos una capacidad natural para establecer lazos afectivos con otros seres humanos, que se construyen y mantienen a través de las emociones.

Como padres, amáis con seguridad a vuestros hijos, pero no basta con que los queráis, sino que debéis demostrar vuestro amor de diferentes formas: con caricias, abrazos, elogios, miradas de complicidad, escucha, pero también a través de los límites y la disciplina, no lo olvidéis; poner límites adecuados es una forma de expresar vuestro amor, aunque no podéis pedir que vuestros hijos pequeños lo comprendan.

Asimismo, el amor es un modo de vivir juntos, una forma de relacionarnos que produce seguridad en los hijos, impulsa su crecimiento y favorece el desarrollo de su autonomía y su autoestima.

Los padres que se muestran competentes en el manejo de sus emociones, así como sensibles a las necesidades de los hijos, contribuyen positivamente a establecer en ellos una sensación de seguridad y un fundamento seguro sobre el que apoyarse cuando se encuentran mal y necesitan atención, amor y consuelo. Pero es difícil encontrar en los hijos un adecuado desarrollo de su competencia emocional si sus padres no gestionan adecuadamente sus emociones.

Os corresponde pues tomar la responsabilidad de aprender y desarrollar nuevas herramientas y estrategias para educar el mundo emocional de vuestros hijos, y la familia es el mejor «caldo de cultivo» para el aprendizaje de estas habilidades.

Pero la disposición de los padres hacia los sentimientos, el control y la expresión de las emociones es muy diversa y se puede clasificar en dos orientaciones fundamentales: acompañamiento de las emociones o eliminación de las emociones.

En el primer caso, los padres consideran las emociones como algo válido e importante y enseñan a sus hijos las características de cada una, las posibles causas y sus diferentes formas de expresión mientras los ayudan a regularlas y, sobre todo, a manejar aquellas que resultan más difíciles, como el enfado, la tristeza o el miedo.

Sin embargo, los otros padres intentan eliminarlas al considerar que su expresión es poco importante, o incluso puede resultar peligrosa o inconveniente, por eso censuran la expresión de algunas de ellas o intentan cambiarlas.

Las dos orientaciones tienen sus consecuencias: si vuestros hijos comprenden que las emociones son algo fundamental del ser humano y las valoran, las comprenden y regulan, recurrirán a ellas para ofreceros información sobre su mundo interior, a la vez que transmitirán a sus hijos este aprendizaje.

Si, por el contrario, consideran su expresión algo inadecuada o vergonzosa, reprimirán su expresión con las consecuencias que esto supone no solo para su bienestar psicológico, sino incluso físico. Crearán una coraza emocional que bloqueará sus emociones intensas pero que, a la vez, los puede distanciar de las emociones de los demás y pueden tener dificultades para sentir empatía.

El bloqueo emocional conlleva un efecto de acumulación que va creciendo dentro de nosotros; cada emoción que nos negamos a sentir, cada emoción que frenamos, va dejando un poso negativo en nuestro interior, aunque no seamos conscientes del mismo. Muchas personas son capaces de estar meses acumulando emociones negativas sin expresarlas de ningún modo. Las emociones, tarde o temprano, necesitan una forma de expresión; solo necesitamos llegar a nuestro límite para comprobarlo. La explosión de una de las emociones negativas suele ser la consecuencia más habitual del proceso de bloqueo emocional: explosión de ira, explosión de tristeza (a través del llanto), etc.

Cada familia posee también su propia atmósfera emocional que afecta a todos los miembros, dado su componente de interdependencia y el contagio que se observa en el funcionamiento cotidiano. Las emociones de los padres afectan a los hijos, y a su vez las emociones de los hijos afectan al comportamiento de los padres, creándose una tela de araña emocional en la que muchas personas se ven atrapadas.

En algunas familias se pueden encontrar altos niveles de expresión emocional negativa que incluyen la crítica, la hostilidad y la intromisión. Otros tipos de clima emocional son el de frialdad y desvinculación emocional, o el que se genera cuando un miembro de la familia ejerce un alto grado de control sobre el resto, a los que controla mediante el miedo.

Pero también existen familias cuya atmósfera emocional es muy positiva, caracterizada por altos niveles de confianza mutua, de afecto y de calidez, los cuales promueven la empatía en los niños, una de las competencias emocionales más importantes para su desarrollo social.

El funcionamiento adaptativo de la familia debe caracterizarse por el intercambio abierto de información sobre los sentimientos y las emociones. La expresión emocional facilita entonces el conocimiento de la topografía de la vida interior de los hijos y de la pareja, permitiendo que cada miembro se pueda desarrollar como individuo, que se le permita ser uno mismo, que desarrolle su individualidad, pero manteniendo a la vez un sano equilibrio entre su mundo emocional intrapersonal y el interpersonal.

El reto consiste en que los padres comuniquéis con la mayor claridad posible vuestra manera de pensar y sentir para abrir un canal de enlace —de corazón a corazón— con vuestros hijos que pueda actualizarse toda la vida y permita un crecimiento conjunto. Y para ello, nada mejor que hablar y escuchar a los hijos. En los niños no hay conversaciones triviales. Cualquier niño que se sienta escuchado, aprende a escuchar a otros y se siente seguro. Estos aspectos favorecen un clima de bienestar en la familia.

5.º CONSEJOS PRÁCTICOS PARA UNA EDUCACIÓN EMOCIONAL EN FAMILIA

- Acostumbrarse a hablar de emociones: no se trata de pasar al extremo de «monopolizar» las conversaciones normales con sentimientos, pero sí de expresar las emociones con mayor naturalidad en lo cotidiano.

- Enseñar a los hijos a identificar las emociones y ponerles nombre: toda situación constituye una oportunidad para enseñar a nombrar emociones, así como vincularlas a determinados gestos o rasgos no verbales.

- Evitar realizar juicios acerca de las emociones del otro: las emociones constituyen un indicador de algo que nos ocurre internamente. Cuando sentimos tristeza, rabia, alegría o enfado, esta sensación, que también se acompaña de una respuesta fisiológica, nos permite tomar conciencia de que algo nos está pasando y requiere nuestra atención.

- Legitimar y valorar todo tipo de emoción como una información valiosa sobre el mundo interior de nuestros hijos.

- Aprender a regular la expresión de todas las emociones, enseñando a través del ejemplo a expresarlas de forma adecuada, sin reprimir ninguna.

- Desarrollar la capacidad de los hijos de posponer la gratificación y valorar su capacidad de esfuerzo. Hoy en día, sabemos que, cuanta mayor es la habilidad de un niño de posponer la gratificación que obtiene por la realización de una determinada conducta, mayor es su capacidad de esfuerzo, paciencia y control emocional, en definitiva.

- Desarrollar la empatía hacia los hijos y ayudarlos a que ellos la desarrollen desde bien pequeños.

- Favorecer su destreza social y el aprendizaje de las reglas de expresión emocional en los grupos, para que puedan tener unas relaciones interpersonales satisfactorias.

- Crear un clima en la familia que favorezca una comunicación emocional profunda y sincera donde puedan desarrollar todas las dimensiones de su personalidad.

Espero que a partir de ahora podáis comprender y valorar la importancia que tienen las emociones en nuestras vidas y cómo influyen en el bienestar o malestar de los miembros de la familia. Solo desarrollando las habilidades emocionales de las que hemos hablado anteriormente, os sentiréis capaces de aportar a vuestros hijos las herramientas que los ayuden a enfrentarse a los retos que la vida les depare. No podemos anticipar cuáles serán esos retos, pero sí podemos estar seguros de que el desarrollo de su dimensión emocional los hará personas más maduras, seguras, sensibles, creativas, empáticas, selectivas en sus relaciones, con buena autoestima y capaces de resolver problemas y conflictos. Con esta mochila caminarán por la vida mucho más felices.

CAPÍTULO 6
EDUCAR EN IGUALDAD

Marina Marroquí

INTRODUCCIÓN

Educar en una igualdad real es uno de los grandes retos a los que nos enfrentamos como sociedad. Es necesario inculcar en nuestros hijos una igualdad real que proporcione herramientas para poder detectar y gestionar los múltiples peligros que la sociedad actual presenta.

Siempre se ha dicho que los niños y niñas no traen libros de instrucciones para educar, pero lo cierto es que la sociedad ha evolucionado tan rápido que los padres necesitan aprender herramientas para poder trasmitir a sus hijos e hijas esta igualdad real.

El paradigma de ser padres ha cambiado por completo en solo dos generaciones. Anteriormente, los padres y madres tenían los conocimientos tanto sociales, educativos o laborales que trasmitían a los hijos. Por ejemplo, si eres panadera, enseñas a tus hijos/as a hacer pan y, si consiguen su camino, genial, pero la panadería siempre la tienes. Educar era traspasar tus conocimientos para que se desenvolvieran en la sociedad.

Actualmente nos encontramos con que ese aprendizaje «jerárquico» ha cambiado por completo y tu hija de doce años te ayuda a conectarte a Zoom para tu reunión de trabajo, o tu hijo de trece años te ayuda a hacer un currículo actualizado. Pero, si bien es cierto que esta generación nativa digital tiene una facilidad para tener acceso a todos los conocimientos, es nuestra responsabilidad despertar una mentalidad crítica y facilitar las herramientas para que lo hagan con responsabilidad e interioricen los contenidos adecuados para desarrollarse de forma integral y equilibrada.

Lo cierto es que tanto escuelas como familia estamos muy lejos de conseguir esto. Tal vez pensábamos que esta generación, ya nacida en plena democracia y con estabilidad económica y social, iba a desterrar por fin los grandes problemas fruto de la desigualdad, como el racismo, el machismo, la LGTBIfobia... Sin embargo, muchas de estas violencias, lejos de desaparecer, se están incrementando: uno de cada cinco menores sufre bullying; una de cada tres chicas adolescentes sufre violencia de género, y una de cada dos chicas adolescentes, abuso o violencia sexual.

Entiendo que son cifras que asustan mucho o que incluso parecen irreales, pero es importante que conozcamos la realidad de nuestros menores y adolescentes, cómo se educan fuera del hogar y todos los peligros que no nos cuentan, para conseguir evitar que sucedan esos casos o saber cómo abordarlos si aparecen.

He realizado talleres de prevención y detección precoz de violencia de género para adolescentes a más de cien mil jóvenes de todo el país, y en este capítulo voy a mostrarles todo lo que me han enseñado, los problemas que me han contado. Por desgracia, nunca me he ido de un taller sin que una chica de catorce años me cuente que está sufriendo violencia de género, que la han violado; chicos que me cuentan el bullying que sufren o ejercen para que no se les cuestione como tíos.

Me gustaría mostrar a las familias la realidad que la adolescencia me ha mostrado, que en la inmensa mayoría de ocasiones permanece invisible a los adultos, y facilitar herramientas para educar en una igualdad real y conseguir detectar y abordar las principales violencias derivadas de la desigualdad social.

Aunque esta violencia derivada de la desigualdad nos empieza a quitar el sueño cuando se acerca la adolescencia, para prevenirla debemos sembrar la semilla desde la primera infancia.

Sabemos que no vamos a ser la generación que consiga erradicar estas violencias, pero sí podemos educar a la generación que lo conseguirá.

EL ESTEREOTIPO

Educar a esta nueva generación para alcanzar la igualdad real es un gran reto, pero para conseguirlo hay que ir mucho más allá de los tradicionales «Yo ayudo en casa» o «Soy yo el que cocina». Para conseguirlo hay que cuestionarse y ser crítico con todo lo que nos rodea, para saber qué mensajes interiorizan nuestros hijos e hijas y cuánto de esto influye en su personalidad.

Lo que veo bastante evidente es que nunca podremos alcanzar la igualdad real mientras sigamos educando a niños y niñas de forma diferente, y actualmente los diferenciamos desde el primer momento en el que nacen, de formas tan culturalmente aceptadas como esta, poniendo pendientes y adornando a las niñas, para diferenciarlas a simple vista desde su primer día de vida.

Tengo una hija de tres años, y confieso que se convirtió en debate de toda la familia el hecho de que decidí no ponerle pendientes cuando nació. Mi respuesta era sencilla: «No me gusta agujerear bebés nada más nacer sin necesidad; bastante mal lo paso con mi fobia a las agujas en las vacunas».Pero no quiero adornar a mi hija para que «vaya más guapa», o simplemente para que quien se cruce con ella sepa identificar muy rápido si es niño o niña.

¿Que la gente no es observadora? Un señor de setenta años a veinte metros llama «niño» a mi hija, diciendo: «Ah, como no lleva pendientes…».

Lo cierto es que la inmensa mayoría de la sociedad es consciente de lo perjudicial del machismo, de que una sociedad evolucionada tiene que ser justa y segura para las mujeres, y que el machismo y la masculinidad tóxica solo hacen daño tanto a los hombres como a las mujeres; sin embargo, ¿por qué resulta tan difícil erradicarlo?

Creo que el machismo hace dos cosas muy bien para

seguir perpetuándose de esa forma. La primera, que es invisible, que, al ser lo «culturalmente tradicional», lo perpetuamos sin darnos cuenta, y, aunque rechazamos el machismo más explícito, es necesario un gran esfuerzo para poder analizar todo lo que tenemos tremendamente interiorizado, porque el machismo nos ha educado y, queramos o no, nos ha construido como personas.

Por este motivo, como padres y madres requiere un gran esfuerzo y sacrificio analizarnos para ser la generación bisagra que, por fin, rompa esta tradición que tanto daño hace y tantas vidas cuesta.

La segunda «gran» arma del machismo es precisamente este estereotipo de género, educar a chicos y chicas de forma tan distinta, tan esperada, que no se conozcan entre ellos, que sea este rol el que marque las normas de cómo ser y cómo comportarse en esta sociedad.

Más adelante analizaremos cómo la sociedad inocula este machismo, pero es importante cuestionarte que, dependiendo de si naces niño o niña, vestirás diferente, verás películas, jugarás a videojuegos o escucharás música diferente, te tratarán diferente... y, por lo tanto, te construirás de manera diferente.

Demasiadas veces escucho frases desde las familias del tipo: «En casa hay igualdad, y tiene todos los juguetes, pero es un instinto innato que las niñas prefieren las princesas y el rosa»; «Es que los niños son más brutos y prefieren jugar a luchar, lo tienen en el ADN»... Es importante cuestionarse hasta qué punto es «innato».

Lo cierto es que, si entendemos «innato» como «antes de nacer», pues posiblemente sí se les transmita el machismo, porque, desde el mismo momento en que sabemos en la ecografía si es niño o niña, compramos ropita diferente, decoramos la habitación distinta, el mundo azul y rosa aparece y, sobre todo, proyectamos y esperamos cosas distintas.

Muchos son los estudios y experimentos que se han realizado sobre cómo se transmiten estos roles de género. La BBC realizó uno muy interesante en 2017 (https://www.bbc.com/mundo/media-40999708), en el que pusieron a dos bebés en una habitación llena de juguetes de todo tipo y pidieron a adultos que entraran a jugar con los niños.

Previamente, habían cambiado las ropas de los bebés, vistiéndolos diferente a su sexo: al niño lo vistieron de niña, y a la niña, de niño. ¿Qué se observó?

- Al bebé vestido como una niña (niño):
  - Se dirigían con tono de voz dulce.
  - Repetían lo buena, guapa y dulce que era.
  - Le ofrecían únicamente muñecas y juguetes suaves.

- Al bebé vestido como un niño (niña):
  - Se dirigían en tono más firme y divertido.
  - Repetían lo valiente y fuerte que era.
  - Le ofrecían únicamente juguetes como motos o robots.

En la primera infancia, esto tiene una influencia enorme para toda la vida, ofrecerle juguetes diferentes significa que niños y niñas se estimulan sensorial y físicamente diferente;

es uno de los objetivos que tenía este experimento, observar cómo influye esto en el desarrollo cerebral, y se cuestionó que los juguetes «de niña» no estimulan la percepción espacial ni la confianza física, habilidades que se atribuyen tradicionalmente a los hombres, y se cuestiona que sea innato y sea aprendido desde la primera infancia.

Este experimento parte de un artículo publicado por la revista Science en 2017 llamado «La influencia del estereotipo», en el que expone que una niña, a los seis años de edad, ya se siente intelectualmente inferior a un niño de la misma edad.

Según explica a Sinc Lin Bian, investigadora de psicología de la Universidad de Illinois y una de las líderes del trabajo, «los estereotipos que otorgan una mayor habilidad intelectual a los niños que a las niñas emergen muy pronto y tienen un impacto sobre las aspiraciones profesionales de las mujeres».

Y esto repercutirá no solo en sus habilidades y su personalidad, sino en su futuro.

Todo esto lo analizaremos un poquito más adelante, pero es una realidad que veo sobre todo en los talleres que realizo en los niveles de primaria, cuando formulo una pregunta bastante sencilla: «

¿Qué queréis ser de mayores?».Mientras para los niños esa pregunta infunde lo que debería, soñar, soñar que pueden ser lo que quieran, y me responden que astronautas, futbolistas, youtubers o youtubers-futbolistas (creo que se avecina una generación de pluriempleados), ellas me responden que maestras de guardería, enfermeras o bailarinas.

Lo triste es que este estereotipo es tremendamente limitador, les limitamos la mitad de juegos, posibilidades, habilidades, cualidades, y les negamos que crezcan creyendo que pueden ser lo que quieran.

Pero ¿cómo se va construyendo este estereotipo hasta que nuestros hijos e hijas lo interiorizan, llegando a formar parte de su personalidad?

LA DESIGUALDAD QUE NOS EDUCA

Analizar la sociedad que nos construye y educa es necesario para saber cuánto influye en cómo nos construimos como personas y cómo puede influir en que el niño ejerza o sufra algún tipo de violencia. Si no somos conscientes del problema, es imposible que podamos educar para evitarlo.

Nunca podremos alcanzar una igualdad real mientras sigamos educando a niños y niñas de forma tan diferente, en realidad, prácticamente opuesta; desde el momento en el que nacen, el mundo azul y rosa se construye de forma casi inevitable, aunque ya existan muchas familias que intenten evitarlo.

Esta imagen es de la fotógrafa JeongMee Yong, que, sorprendida porque su hija de solo cinco años quería todos los juguetes y ropa de color rosa, decidió crear el proyecto «The Pink & Blue Project», en el que pedía a familias que fotografiasen a sus hijos e hijas con todos los objetos azules y rosas que tenían. El resultado de estas imágenes es sorprendente: no somos conscientes de hasta qué punto la sociedad, industria textil o juguetera segmenta por sexo, impone este rol de género que va mucho más allá simplemente de los colores.

Estos colores llevan asociados tipos diferentes de juguetes, de habilidades desarrolladas, de series de TV, de música...

Hagamos un breve recorrido por la cultura diferenciada que consumen nuestros hijos. Si eres niña, lo más probable es que desde pequeña te decantes por las películas de Disney en las que bellas princesas necesitan que un príncipe las salve; en las que, tras cien años dormidas, un beso las salvará, o en las que, tras un amor a primera vista y un zapato de cristal, se conviertan en princesas...; en las que parece inevitable que sus madres siempre mueran en cada una de las películas.

Parece que la nueva generación de películas ha avanzado algo..., pero lo cierto es que el trasfondo sigue siendo el mismo. En Brave, por ejemplo, donde ya se ve a una chica muy diferente, que monta a caballo, tira con arco y va despeinada y sucia, en un momento de la película tiene que elegir qué marido escoger para unir los reinos..., y al parecer también es inevitable que sigan perdiendo a sus madres al principio de la película.

Si eres niña, los juguetes que te regalarán mayormente serán muñecas a las que cuidar, cambiar pañales o ropa, Barbies, peluches, cocinas... Pocas veces regalarán juegos de construcción, de electromecánica, nanorrobótica, grúas, catapultas...; con suerte, quizás algún balón.

Crecen un poco, y la música que escuchan; ni siquiera hace falta que profundice en el reguetón o en la música pop española. Malú te canta: «Toda, entera y tuya, aunque mi vida corra peligro»; Natalia Jiménez: «Por ser tu mujer sería capaz de morir en tu cama»; Vanesa Martín: «Y qué si amarte me cuesta la vida, y qué si quererte es un acto suicida; prefiero morir contigo a vivir sin ti», y así, una lista interminable.Es importante que analicemos estas cuestiones, aunque parezcan triviales. ¿Cuántas canciones que escuchamos mayormente las mujeres tienen un tema diferente al amor?

La televisión nos sienta en un trono en el que tenemos diez chicos para elegir; Mujeres y hombres y viceversa lleva doce años en las pantallas de nuestros televisores cada día, una generación entera ya es «viceversa nativa». O programas como First Date en los que una cita ya les presenta a su amor a primera vista.

En la preadolescencia ya aparece el cine, que construye en gran parte nuestro concepto de «amor». Todas hemos querido ser alguna vez la protagonista de nuestra película favorita; todas, de nuevo, centradas únicamente en el amor.

Si eres niño, los juegos que te regalarán irán mucho más centrados en desarrollar habilidades motoras e intelectuales: balones, puzles, muñecos Lego, juegos de construcción, camiones, espadas, pistolas…

Juguetes destinados a potenciar las habilidades físicas, la inteligencia matemático-espacial y la fuerza. Aprenden juegos simulados en los que son los más fuertes, más valientes y más rápidos, privando en muchas ocasiones un buen desarrollo de las habilidades sociales y emocionales tan necesarias para el desarrollo integral de una persona.

Las series de televisión infantiles que más consumen los niños también están centradas sobre todo en solucionar problemas y salvar a personas, como Patrulla Canina, en la que puedes ser policía, albañil o bombero y ayudar a las personas de tu entorno y sus grandes problemas cotidianos, o Teen Titian Go, en la que son grandes protagonistas no solo con superpoderes, sino también con una gran inteligencia y sentido del humor.

En las mismas películas Disney el papel del hombre es muy diferente. Para Disney, ¿qué es ser un hombre? Pues básicamente tienes que ser un príncipe que pueda escalar una montaña con las manos, matar a un tigre de bengala con un palo y rescatar a la princesa.

Vas creciendo un poco, y los videojuegos ya ocupan gran parte de tu tiempo; videojuegos centrados de manera exclusiva en la competitividad y la violencia, juegos en los que ganas la II Guerra Mundial tú solo, eres un francotirador increíble (aunque tengas siete dioptrías en cada ojo) o puedes matar a doscientos zombis con una piedra.

Videojuegos en los que las mujeres o simplemente no aparecen, o, si lo hacen, es con muy poca ropa e hipersexualizadas, y, en juegos como Grand Theft Auto, directamente como prostitutas que te dan puntos extras si, después de violarlas, les das una paliza y les quitas el dinero.

La música que escucha un chico suele ser más reivindicativa o trap, rap: odas a la violencia o a presumir de con cuántas chicas ha podido tener sexo. Cuatro babys, de Maluma; Demasiada mujer, Bien duro o Todas mueren por mí, de C. Tangana, o Contra la pared, de Jiggy Drama; videoclips siempre adornados por muchas chicas semidesnudas, escenas explícitas de sexo y consumo de drogas.

Van creciendo, y la televisión, aunque cada vez reduce

más los contenidos debido a las plataformas digitales, en las que ya seleccionan los contenidos. Sigue habiendo una serie que todos consumen, durante horas, y tengo que decir que son muchas las veces en las que, cuando la pongo durante el taller, me suplican que, por favor, no les fastidie esa serie, que es su favorita.

Hablo de La que se avecina, una serie que a priori no reparamos en que sea un contenido inapropiado para nuestros hijos e hijas.

Serie en la que, si eres tío, puedes elegir entre ser «león» o «huevón», o «vividor follador» o «calzonazos»; todo, inundado con chistes machistas, homófobos, sobre discapacidad…

Las películas que ven en la preadolescencia y adolescencia también son muy diferentes, centradas en grandes aventuras; puedes tener cualquier superpoder y ser Spiderman, Superman, Iron Man, Batman… Películas en las que los protagonistas salvan el mundo; son fuertes, valientes y, sobre todo, los mejores.

Ellas, cariñosas, dulces, buenas, guapas y comprensivas.

Ellos, fuertes, valientes, invencibles, agresivos.

La educación cultural destinada a las niñas se centra en ser guapas, colaborativas y buenas, mientras que la destinada a los niños se basa en la competitividad y la violencia.

LA CONSTRUCCIÓN DE LA AUTOESTIMA

Lo queramos o no, la cultura educa, es cierto que cada vez hay más familias conscientes de esta desigualdad cultural que perpetúa el machismo, y tanto familias como escuelas están haciendo una labor titánica para conseguir transformar la educación y volverla más igualitaria, más justa.

Pero lo cierto es que, sobre todo cuando se van acercando a la adolescencia y llegan a ella, la influencia educativa de familia y escuela pasa a un segundo plano, y los grandes referentes son el grupo de amigos, el cantante que les gusta o los influencers y youtubers de turno; por lo que conocer qué escuchan, qué ven y a quiénes admiran es importante para saber qué valores están adquiriendo y, por lo tanto, qué personalidad están construyendo.

Construir una autoestima fuerte y sana es uno de los grandes objetivos que nos marcamos como padres y madres. Úrsula Perona ya nos ha hablado de esto en el primer capítulo. Una buena autoestima los hará enfrentarse con mayores herramientas a los problemas que se encuentren en la vida, les servirá para saber cuáles son sus cualidades, sus defectos, y a quererse bien y querer bien.

Pero ¿cómo se construye la autoestima de nuestros hijos e hijas?

Tal como nos contó Úrsula Perona, la autoestima se conforma desde el nacimiento y está influenciada, entre otras cosas, por la sociedad.

Como los mensajes que envía la sociedad, tal como hemos visto, son bien diferenciados en niños y niñas, se construye la autoestima de forma muy diferente, y, por lo tanto, crecen creyendo que tienen habilidades y cualidades diferentes.

La base de la autoestima se construye en función de las cosas bonitas y las cualidades que gustan a las personas que están a nuestro alrededor, principalmente nuestro núcleo familiar y amigos.

Vamos a analizar cómo nos dirigimos desde el momento en el que se nace, dependiendo de si se es niño o niña.

Si eres niño, las principales cualidades que se refuerzan son estas:

- Fuerte.
- Valiente.
- Inteligente.
- Aventurero.
- Líder...

Si eres niña, las principales cualidades son las siguientes:

- Buena.
- Bonita.
- Dulce.
- Guapa.
- Guapa.
- Guapa...

Así podemos observar muy claramente cómo, mientras a los niños se les construye una autoestima interna, basada en su propio potencial, en sus propias cualidades y habilidades, a las niñas se les construye una autoestima principalmente externa, todas las cualidades van dirigidas a gustar, agradar o cuidar a terceras personas, reduciendo o simplemente negando todas las cualidades internas, como la inteligencia, la valentía o el sentido del humor.

Incluso la misma cualidad, si la tiene un niño o una niña, podemos tratarla como virtud o defecto. Por ejemplo, un niño que tiene grandes habilidades comunicativas o de dirigir grupos es un líder nato, mientras que una niña con las mismas cualidades es una marimandona o una dominante, consiguiendo que en muchas ocasiones reduzcan o eliminen cualidades muy necesarias para su pleno desarrollo personal y también en el futuro profesional, por creer que son un defecto.

Uno de los muchos inconvenientes de esta educación tan sesgada es que, si el 90 % de lo que valoramos de una niña es que sea buena y guapa, va a crecer creyendo que esas son sus únicas cualidades y, sobre todo, corre el peligro de basarse en una autoestima externa.

Sus niveles de autoestima van a depender de lo que los demás opinen de ella, y poner tu estima en manos de otra persona te expone a que puedan destruírtela.

Su autoconcepto y su autoestima también tienen mucho poder a la hora de elegir su profesión en base a las creencias que tienen sobre sus cualidades personales, lo que son capaces de hacer en la vida y hasta dónde pueden llegar.

Observando el mundo laboral, también pueden verse muy claramente las consecuencias de esta educación y de haber tratado diferente a niñas y a niños, y haber desarrollado desde la primera infancia cualidades, habilidades e inteligencias diferenciadas.

Esto va a tener peores consecuencias de las que creemos:

según el estudio publicado por Randstad, «Talent Trends Report 2019», el 85 % de los empleos en el año 2030 aún no se han inventado, teniendo como principales salidas laborales la ingeniería, la informática, la robótica y la inteligencia artificial.

Esto significa que el mundo laboral al que se van a enfrentar nuestros hijos e hijas va a ser totalmente diferente al que nosotros estamos viviendo; para el año 2030 quedan siete años, y parece que estemos hablando de un escenario que hoy nos parece ciencia ficción.

El problema es que las mujeres en las carreras universitarias de ciencias, tecnologías o ingeniaría siguen siendo menos de un 15 % de media.

Es urgente cambiar esta educación, por muchos motivos, pero este es uno de ellos: si desde que son pequeñas no potenciamos sus capacidades tecnológicas y sus cualidades intelectuales, si sus juguetes no fomentan esta inquietud por las nuevas tecnologías, las estamos empujando a la pobreza y la exclusión; posiblemente, en su edad adulta la mayoría de empleos que hoy consideramos medios o incluso precarios, como la hostelería, la enseñanza, la asistencia sanitaria o el sector servicios, en el que las mujeres ocupamos la mayoría de puestos, se realizarán a través de la tecnología y la robótica, y no estaremos preparadas para incorporarnos al mundo laboral que esta sociedad va a requerir.

Sé que parezco un poco apocalíptica, pero es importante que hagamos una revisión profunda de las consecuencias que tiene esta educación diferenciada y podamos, como padres y madres, contraeducar para desarrollar plenamente a nuestros hijos e hijas.

PERSONALIDAD PROPIA VS.
ESTEREOTIPO INTERIORIZADO

Este estereotipo de género tan hermético es tremendamente limitador, les niega a nuestros hijos e hijas la mitad de sus cualidades, inteligencias, habilidades y oportunidades, y se olvida de algo muy importante: ser ellos mismos.

Recuerdo en un taller que realicé para primaria, en el que un niño de diez años decía: «Mis padres no me conocen, no saben cómo soy», mientras los cientos de chicos y chicas que estaban allí asentían.

Es cierto que cambiar la sociedad que nos rodea y la cultura que nos educa no va a pasar de la noche a la mañana, pero como familia sí podemos ofrecer a nuestros hijos e hijas todas las oportunidades que la sociedad les invisibiliza y potenciar las cualidades colaborativas y emocionales a los niños y las cualidades físicas, intelectuales y competitivas a las niñas.

Es importante que crezcan como seres humanos desarrollados de manera integral y, sobre todo, crear en el hogar ese núcleo de confianza en el que puedan ser, comportarse y mostrarse como quieran, que sepan que no van a decepcionar a su familia, aunque no cumplan los roles establecidos.

La igualdad es el antídoto para las principales violencias que destruyen esta sociedad, como la violencia de género y la sexual.

Vamos a abordar brevemente algunas de estas violencias y facilitar algunos tips para actuar ante ellas.

LA VIOLENCIA SEXUAL

La falta de educación afectivo-sexual reglada ha modificado la visión de la sexualidad que tienen los adolescentes: el concepto «afectivo» ha desaparecido, quedando únicamente en lo «sexual» y pasando a formar en muchas ocasiones parte del ocio, y no de las relaciones sentimentales.

Recuerdo que en uno de los primeros talleres que impartí se me ocurrió utilizar la expresión «Hacer el amor»; aún se están riendo los chavales de mí.

El hecho de que ahora la sexualidad forme parte del ocio, o pierda el valor emocional, también trae otras consecuencias graves: centros escolares que han contactado conmigo al descubrir que sus alumnas pagaban favores académicos, como prestar apuntes o copiar en exámenes, con felaciones en los baños.

Este nuevo concepto de «sexualidad», unido a la cosificación continua que sufrimos las mujeres, es un cóctel peligroso. Las adolescentes tienen la falsa idea de que la libertad o el empoderamiento depende de lo guapas que sean, lo liberales sexualmente y lo modernas. Esto les hace muy difícil reconocer la violencia sexual, y la perciben como relaciones consentidas. Esto hará que no pidan ayuda ni tomen conciencia de la situación, aunque sí pagarán las secuelas que generarán este tipo de relaciones.

Aunque te parezca increíble, son muchas las chicas que tras los talleres me preguntan: «¿Cómo va a violarte si es tu novio?», o «Marina…, no seas exagerada; si él está motivado, ¿qué te cuesta? Pues te quedas quieta y que acabe pronto…». Son muchas otras violencias las que han aparecido debido a la normalización cultural; por ejemplo, los contratos al estilo Cincuenta sombras de Grey. Son ya seis las adolescentes menores de dieciocho años que han acudido a mí porque sus parejas les habían hecho firmar «contratos» en los que se especifican las prácticas sexuales a las que se comprometían, la frecuencia de estas y los castigos derivados de no cumplir ese contrato.

VIOLENCIA SEXUAL EN REDES SOCIALES

La violencia sexual ha encontrado en redes sociales la impunidad absoluta. El bombardeo al que son sometidas las chicas a través de redes sociales como Instagram es totalmente generalizado y constante. El ciberacoso a través de los mensajes con contenido sexual y las fotos que los depredadores les mandan con contenido sexual son su pan de cada día.

Por desgracia, lo han normalizado tanto que creen que es el precio que tienen que pagar por tener redes sociales. Cuando pregunto cuántas fotos con penes suelen recibir, muchas me dicen que una media de quince a veinticinco por semana; no acabando ahí, sino que les siguen mensajes de insistencia para quedar o mandar nudes (fotografías desnudas de ellas).

La inmensa mayoría de chicas, pese a que este acoso les causa nerviosismo, malestar o incomodidad, no se lo trasmiten a las familias por miedo a que estas les prohíban usar la red social o les quiten el móvil.

Esta práctica ha supuesto un canal de acoso masivo para los depredadores sexuales que en la actualidad goza de prácticamente impunidad total.

Estos depredadores (en muchas ocasiones, con identidad falsa o simulando ser adolescentes), a través de chantajes, coacciones, mentiras o amenazas recurrentes, consiguen datos de la víctima, incluso fotografías que utilizan para realizar chantajes sexuales, pornovenganzas, o como coacción para quedar y abusar de ellas físicamente.

Conseguir romper el silencio de las víctimas y darles herramientas para luchar contra esta impunidad es un reto al que vamos a tener que enfrentarnos.

LA VIOLENCIA DE GÉNERO

La Conferencia Mundial de Derechos Humanos en 1995 definió la violencia de género como «todo acto de violencia sexista que tiene como resultado posible o real un daño de naturaleza física, sexual o psicológica, incluyendo las amenazas, la coerción o la privación arbitraria de la libertad para las mujeres, ya se produzca en la vida pública o en la privada».

Se entiende que la violencia contra las mujeres es una manifestación de las relaciones de poder históricamente desiguales entre hombres y mujeres que han conducido a la dominación de la mujer por el hombre, la discriminación contra la mujer y la interposición de obstáculos contra su pleno desarrollo.

En 2021 se han presentado solo en España 162.848 denuncias. Eso supone 446 denuncias diarias por violencia de género. Al igual que ocurre con la violencia sexual, se denuncian muchos menos casos que los que ocurren: se estima que únicamente se denuncia un 30 % de los casos, y, de las mujeres que sí interponen denuncia, el 50 % retira la denuncia o abandona el proceso judicial antes de terminar.

Nuestras hijas, hoy niñas o adolescentes, en breve formarán parte de esas cifras. ¿Lo habías pensado? Por desgracia, siempre pensamos que eso le sucede a «otra», pero la violencia sexual y de género son mucho más comunes de lo que podríamos pensar.

IDEAS PARA EDUCAR EN IGUALDAD

1. Ser conscientes de los estereotipos existentes en la sociedad.

2. Darles a nuestros hijos/as todas las opciones que la sociedad limita.

3. Conocer cómo es realmente nuestro hijo o hija, intentando alejarnos de lo que la sociedad nos dice que «deben ser».

4. Construirles una autoestima interna basada en sus habilidades y su propio potencial.

5. Hacerles conscientes del dolor ajeno.

6. Despertar una mentalidad crítica.

Inoculando la igualdad en nuestros hijos e hijas, conseguiremos que sean más libres, más felices y mejores personas.

CAPÍTULO 7
EDUCAR EN POSITIVO

Diana Jiménez

NO SON BUENOS TIEMPOS
PARA EDUCAR HOY

Ciertamente es poco alentador comenzar un capítulo con la palabra no, y además de una manera tan «sentenciosa» y desalentadora…, pero no por ello menos real.

Intentaré a lo largo de este capítulo darle la vuelta a tal afirmación, para que finalmente quede una educación en positivo, que es el objetivo de este texto y la síntesis de mi trabajo a lo largo de estos años.

Pero comencemos por el principio…

Hace muchos años educar era algo más sencillo e intuitivo. No hacían falta escuelas, formaciones, cursos, talleres…, nuestros padres sabían en todo momento qué había que hacer, o al menos esto era lo que parecía. A nadie se le ocurría invertir tiempo, y menos dinero, en educación, en educar a un hijo…, esto era parte de la naturaleza: total, lo

que tienen que hacer los niños es obedecer, portarse bien...
¿Qué más hay que enseñarles? Ah, sí...: a leer, sumar y
restar, y para eso ya estaban los profes. Los padres debían
enseñar buena conducta, que los niños fueran ciudadanos
ejemplares, porque, además, eran la carta de presentación
de muchas familias.

Y claro, no en todas las familias los hijos eran ejemplo...;
en algunas, ¡eran una deshonra! «Con lo que hemos hecho
por ti, y así nos lo pagas». Cómo era posible que, en una
misma sociedad, hubiera individuos tan dispares.... Pero,
por suerte, para eso tenían las cárceles, los correccionales,
los correctivos, los castigos...

Sin embargo, aunque te suene «lo normal», lo cierto
es que hubo muchas personas que se planteaban que esto
no era lo correcto, que ese estilo (o falta de educación) no
estaba dando los resultados esperados, que la sociedad
estaba avanzando y la vida pedía nuevas habilidades que
debían aprenderse... y, antes, enseñarse.

UN POQUITO DE HISTORIA

Orígenes

Todo comienza con Alfred Adler, médico y psicoterapeuta
vienés. Fue uno de los creadores de la psiquiatría a finales
del XIX con Freud y Jung.

Ferviente defensor del respeto mutuo, su filosofía era un
trato respetuoso y digno con todos los individuos, tanto
adultos como niños, lo que lo adelanta hasta hoy día en
cuanto a pensamiento. La filosofía de Adler era radical-

mente opuesta a la psicología conductual de la época, en la que se abogaba por lograr cambios, mediante castigos y recompensas, en el comportamiento que se observaba en el individuo.

Después de pasar consulta con adultos y con niños, observando y experimentando, Adler concluye que somos seres fundamentalmente sociales y que cada individuo tiene la finalidad primordial de lo que se conoce como «pertenencia» (también denominada «conexión»), sentirse útil e importante, aportando al resto de individuos.

Un comportamiento «socialmente» inaceptable es consecuencia de un sistema erróneo de creencias privadas, y, por tanto, no basta con trabajar el comportamiento, sino ayudar a ese individuo a cambiar sus creencias equivocadas de la mejor forma, a través del aliento, logrando que se sienta capaz contribuyendo, aportando a otros.

En disciplina positiva se usa el símil con un iceberg para explicar esto de forma sencilla; veamos cómo. El comportamiento de un niño, como la punta de un iceberg, es lo que vemos; sin embargo, la parte sumergida de ese iceberg (de tamaño mucho mayor) representa tanto la creencia que hay detrás de ese comportamiento como la necesidad más profunda de pertenencia e importancia del niño. Y nosotros, como padres y educadores, tenemos la tarea de ayudar a nuestros niños a encontrar la pertenencia e importancia de forma útil, socialmente hablando. En disciplina positiva abordamos tanto el comportamiento como la creencia que hay detrás del mismo.

Evolución de la disciplina positiva

Después de morir Adler en 1937, su colega y psiquiatra Rudolf Dreikurs prosigue el trabajo de Adler en EE. UU. y eleva esta filosofía a un nuevo nivel, acercándola a familias y profesionales de la enseñanza por medio de charlas y demostraciones en foros abiertos.

Dreikurs les pone la denominación de «filosofía democrática» tanto a la suya propia como a la de Adler. Significando el equilibrio perfecto entre libertad y orden. Esto es, mientras que la filosofía autoritaria significa orden sin libertad, y la filosofía permisiva/anárquica, la libertad sin orden; se impone como más eficaz y respetuosa la democrática, con un enfoque firme y amable al mismo tiempo.

Actualidad de la disciplina positiva

Una fiel seguidora y estudiante de la psicología adleriana llamada Jane Nelsen, después de impartir numerosas charlas en colegios americanos, autopublica el libro Positive Discipline en 1981, una recopilación de experiencias con las familias y maestros como terapeutas en la escuela primaria.

Inicialmente, se da un significado erróneo al concepto de «disciplina positiva» y se interpreta como «aprender a castigar de forma positiva», y después de un tiempo se sustituye esta idea de castigar y recompensar por la de dar aliento, buscar soluciones y habilitar a los niños para su vida adulta; todo ello, con el foco puesto en el sentido de pertenencia y contribución, demostrando que, aunque el castigo y la recompensa funcionan a corto plazo, pueden ser perjudiciales a largo plazo.

¿QUÉ ES EDUCAR EN POSITIVO?

Como nos enseñan Adler y Dreikurs, «un niño que se porta mal es un niño desalentado», y, cuando esto sucede, suele darse por tener una creencia errónea de cómo pertenecer. Muchos padres reaccionan al comportamiento de sus hijos con un castigo (provocando en el niño o adolescente culpa, vergüenza e ira), y esto solo lleva a confirmar la creencia de ese niño a no pertenecer, desencadenando un círculo vicioso de desaliento y dolor.

En muchas ocasiones, el ritmo de nuestra vida actual nos lleva a «pasar por alto» muchas cosas que deberíamos de tener en cuenta en el trato con niños y adolescentes; se nos olvida o desconocemos que el cerebro es un órgano moldeable y se desarrolla según la edad de cada individuo. Sin saber esto, podemos cometer la equivocación de pedir o exigir a nuestro hijo que reaccione con un determinado comportamiento que, por su madurez cerebral, no es capaz de asumir.

Sin entrar en profundidad en cuestiones científicas, que las dejo para los expertos y entendidos en funcionamiento cerebral, sí quiero dejar constancia de la importancia de entender que las funciones del cerebro evolucionan y se desarrollan con la edad, que en el cerebro primero se desarrollan nuestros centros instintivos y emocionales, para después desarrollarse el cerebro lógico y pensante.

Lo interesante aquí es darnos cuenta de que los niños experimentan y perciben el mundo por medio de sus sentidos sin estar completamente desarrollados ni su pensamiento ni su capacidad lógica. Son buenos captando todo lo que sucede alrededor, pero malos interpretando su significado.

En la actualidad, los mayores retos de la crianza son la falta de tiempo, la falta de recursos y la excesiva cantidad de información que tenemos a nuestro alcance. Una información que aporta el qué pero no el cómo, que es lo que pretende la disciplina positiva, priorizando tu tiempo para lograr que la crianza sea lo más efectiva posible, y, aunque la disciplina positiva no consiga eliminar las «presiones competitivas» a las que estamos sometidos en el día a día, sí puede proporcionarte un enfoque más claro y significativo sobre tu bienestar personal y la crianza.

Y para cerrar este apartado, es interesante resaltar que la filosofía de la disciplina positiva o forma de vida (como me gusta llamarla) está fundamentada y avalada por numerosas investigaciones a lo largo de varias décadas y se ha centrado siempre en identificar qué prácticas de crianza resultan más efectivas; ahora únicamente falta que tú las lleves a la acción.

CÓMO PODEMOS EDUCAR EN POSITIVO

Vivimos en la era de la información, estamos rodeados de tutoriales, guías, manuales...; todo a nuestro alrededor, enfocado a cómo son las cosas y por qué pasan así las cosas, y por eso es más urgente añadir el cómo hacer las cosas.

Como padres/educadores, necesitamos la información, la formación, pero sobre todo la guía y acompañamiento para materializar esa teoría que tanto consumimos. Y en el caso de la crianza y educación, se hace aún más evidente.

Educar a un niño no es ni de lejos como arreglar una lavadora, un ordenador, un coche... Estamos hablando de seres humanos, de personas, con pensamientos, sentimientos, emociones..., cambiantes y únicos. Sin manual de instrucciones, y esto hace aún más difícil la tarea de ser padres o madres de hoy.

Pero aquí la buena noticia: ¡que sea difícil no significa imposible!

HERRAMIENTAS PRÁCTICAS PARA EDUCAR EN POSITIVO

Son muchas las herramientas que la disciplina positiva o la educación respetuosa pone al alcance de padres y educadores.

Aquí vamos a quedarnos con siete que considero esenciales o básicas y por las que podemos empezar para lograr resultados estables, duraderos y a largo plazo.

1. Conexión antes que corrección

Habitualmente estamos muy entrenados para corregir a los demás. Con facilidad nos encontramos diciendo a otros lo que deben hacer.

—Mamá, he suspendido el examen.

—Claro, no me extraña, cómo no vas a suspender, si no has estudiado nada. Mira que te dije que esto iba a pasar... (bla, bla, bla...).

El resultado es que nuestro hijo (pero también nos pasa cuando lo aplicamos con otro adulto, generalmente con aquel con el que tenemos mucha confianza) se defienda y empiece a contraatacar porque lo sienta como un ataque a su autoestima y «no le quede más remedio» que mostrarte que tú estás equivocado, o directamente se aleje y decida a partir de ese momento no contarte nada más.

Qué diferente sería si, cuando nuestro hijo nos dijera algo, nosotros, antes de corregir, pudiéramos «conectar».

Conectar es escuchar antes de hablar, es contactar con la mirada, con un gesto de aprobación: «Te escucho, cuéntame», sin juicio ni crítica. Ese tiempo es el que además necesitamos para escuchar realmente al otro.

¡¡Está comprobado que el tiempo medio de escucha es de aproximadamente tres segundos!! El resto del tiempo, aunque permanezcamos callados, ya estamos pensando en lo que vamos a decir para rebatir, afianzar, etc. Y es que no escuchamos para entender, sino para responder... Y cuando se trata de lo que nos dicen los hijos..., en muchos casos directamente escuchamos para rebatir/corregir.

¿Y por qué pasa esto? Por nuestros «ruidos mentales».

- Cuando escuchamos, no somos conscientes de que estamos más centrados en nosotros mismos que en el otro.

- De alguna manera, buscamos confirmar nuestras creencias y escuchamos desde ese lugar: «Esto que me están contando era lo que ya sabía».

- Ponemos el piloto automático para que «no nos convenzan».

Conectar es escuchar al otro desde el corazón, eliminando la barrera del «yo» y poniendo nuestra atención en el otro. Sin apresurarnos a contestar, simplemente permitiendo que el otro hable. Prueba a respirar y centrarte en tu respiración, en el contacto visual, y, si lo necesitas, cuenta lentamente o repite mentalmente: «Quiero escucharte primero». No dejes que ningún «ruido mental» te desvíe del camino de la escucha sincera.

–Mamá, he suspendido el examen.
–Vaya... ¿Qué ha pasado? Cuéntame, te escucho.
–Bueno, yo creo que la profe me tiene manía.
–Ya... Eso crees...
–Sí, sí, porque... Bueno, tampoco estudié mucho, pero igualmente me tiene manía.
–No estudiaste suficiente, dices...
–Sí, bueno, ya sabes, al final calculé mal..., y... ya sé que la próxima vez tengo que...

Como puedes leer, la conversación cambia mucho.

Seguramente ahora estés pensando: «Sí, claro, me dirá que no estudió, pero da igual, porque lo volverá a hacer...». Bueno, en parte es posible que tengas razón en este caso y, si hablamos de adolescentes, puede que esto ocurra. Pero lo que quiero es que te fijes en ambas conversaciones: ¿con cuál sientes que hay una mejor conexión con tu hijo/alumno? ¿Cuál crees que da más pie al diálogo, al entendimiento, a la influencia, al cambio? ¡Sin duda, en el segundo escenario podremos conseguir algo más que una discusión y un enfado, y sobre todo estaremos sembrando el camino de la comunicación en futuras conversaciones y de mayor peso educativo!

Recuerda la próxima vez: conexión antes que corrección. En la mayoría de los casos, cuando esa conexión está bien hecha, la corrección no es necesaria porque «llega sola».

2. Validar emociones

Validar una emoción es esencial para conectar con nuestros hijos o alumnos. Si empezamos a ponerla en práctica desde hoy, te aseguro que el cambio en la relación y conducta está garantizado.

Te pongo un ejemplo de lo que aprendimos cuando éramos pequeños:

Niño que se cae y madre/padre que contesta:

—Nada, eso no es nada. Venga, levántate, a seguir jugando.
—Mamá, quiero ver más dibujos.
—No, no vas a ver más. Ya está bien por hoy.

—Papá, a mi hermano lo quieres más, a él le lees más cuentos.

—No, eso no es verdad, acabo de leerte uno a ti.

¿Te suenan esas escenas? ¿Las has vivido alguna vez? ¿Eran similares tus respuestas?

Y lo que venía después seguro que también te suena: una lucha de poder en toda regla en la que el niño o la niña debía insistir y afianzarse en lo que estaba diciendo: «Quiero ver más dibujos. ¡¡Quiero más!!».

Pero ¿por qué pasa eso? En parte tiene que ver con el desarrollo cerebral. No podemos extendernos mucho en esto, pero te animo a profundizar en tu lectura con los libros de Daniel Siegel, como El cerebro del niño, o los de Cómo educar con firmeza y cariño, de Jane Nelsen. Cuando a un niño le negamos la emoción, lo que su cerebro recibe es que no lo hemos entendido y no le queda otra que insistir. Es como si el niño dijera: «Quiero ver más dibujos»; recibe un no, y el niño piensa: «¿Cómo que no? Sí, claro que quiero ver más dibujos, tengo que insistir para que mi madre lo entienda». Y cuantos más «noes» decimos…, más insiste nuestro hijo, y acaba llorando, haciendo una rabieta… ¿Te suena esto?

Decimos: «No, no; más dibujos, no».

Son las que nos salen en modo automático, las que aprendimos cuando éramos niños. Te diría que las decimos prácticamente sin pensar. Frases que atienden más a una «anestesia» emocional que a un ser consciente de lo que nos está diciendo.

Pero ¿por qué tenemos tanto miedo a validar emociones? Aquí te pongo la alternativa:

—Mamá quiero ver más dibujos.
—Sí, eso me parece. Te gustan mucho, ¿verdad?

En ese momento, el niño siente que ya no tiene que seguir luchando, porque lo hemos entendido y, cuando no está en modo «supervivencia» (lucha), ya puede escucharnos y podremos hablar con él.

Validar una emoción es muy diferente a «consentir» o a dar eso que el niño está pidiendo. En el ejemplo anterior le reconocemos al niño que los dibujos le gustan, lo entendemos, sabemos que son divertidos para él, le producen placer y que, lógicamente, quiere más.

¿Significa esto que lo vamos a dejar ver todos los dibujos que nos está pidiendo? No. Esto significa que lo estamos entendiendo, que lo comprendemos y que después lo reconduciremos hacia donde es necesario.

—Sé que quieres ver más dibujos y ya has visto suficiente por hoy... Cuéntame, ¿cuál es el que más te gustó?
—(...)
—A mí también me gustan mucho estos. ¿Mañana quieres que veamos alguno juntos?

Sé que al principio da miedo hacer este cambio, porque sentimos que estamos siendo permisivos, que concedemos y cedemos a sus «caprichos»; sin embargo, si te fijas bien en el ejemplo anterior, los pasos son sencillos y efectivos:

1.º Conecto, me acerco, me pongo a su altura.

2.º Valido, reconozco lo que siente y dice.

3.º Reconduzco sin negar (distraer y redirigir).

Déjame adelantarme a lo que puede ser que ocurra las primeras veces: lo normal es que pases de una lucha a que, sorprendentemente, el niño deje de llorar y colabore. ¡¡No te lo podrás creer!! Pero también puede ocurrir que el niño patalee o llore más porque no le guste el cambio que estás haciendo. No desesperes, no pasa nada, te está expresando que no le gusta que lo entiendas y no le des lo que él quiere. Es normal y se llama «frustración». Acompaña su emoción validando nuevamente: «Entiendo que te enfades, yo también me enfadaría si me quitaran los dibujos». Si pega o rompe cosas, se lo impedimos y le decimos: «Entiendo que esto te enfade, y no te puedo dejar pegar o hacer daño».

¡Validar es todo un arte, solo necesitas práctica!

3. Enfoque en soluciones

Realmente, esta es una de las herramientas más intuitivas que hay, la que más usamos en la «vida real» y, a la vez, la que menos acostumbrados estamos a emplear en el mundo infantil o adolescente.

Nos pasamos el tiempo buscando soluciones:

- Si se rompe la lavadora, llamamos al técnico, miramos si tiene arreglo, compramos otra...

- Si nuestro coche no arranca, quizá es la batería, alguna conexión mal hecha, que se quedó sin gasolina...

- Si el ordenador va lento, revisamos conexión a internet, la capacidad y memoria que queda libre, si se ha quedado obsoleto el sistema operativo...

Y concluimos que necesitamos encontrar una solución, algo que repare el problema y nos permita seguir adelante.

Con la infancia, con nuestros hijos y/o alumnos, esto es muy diferente. En cuanto vemos que algo no funciona..., ¿qué hacemos?

Recurrimos al enfado, a la amenaza, al castigo, al chantaje... Prácticamente, todas esas ideas que, lejos de solucionar el problema..., ¡lo mantienen!

El castigo solo provoca resentimiento, rebeldía, revancha o retraimiento, pero no enseña habilidades de vida valiosas para la vida adulta. Aplicar un castigo es enfocarse en algo que ocurrió en el pasado y que ya no podemos cambiar, solo podemos hacer que la persona se sienta mal por ello, pero realmente no le enseña ninguna habilidad para que no se vuelva a repetir.

Te pongo un ejemplo: si yo castigo a mi hijo sin jugar a la Play por no haber llevado los deberes hechos, ¿estoy solucionando el problema? ¿Le enseño alguna habilidad para que no vuelva a ocurrir? En parte sí le enseño alguna: a mentir, a copiar, a burlar la autoridad..., pero me temo que esas no son las habilidades que realmente queremos enseñar a nuestros hijos, porque no son muy útiles en un futuro. Más lógico sería revisar qué ha pasado: ¿fue falta de tiempo?, ¿de organización del mismo? ¿Falta de planificación?, ¿falta de capacidad? ¿Alguna dificultad que hemos pasado por alto?

Identificar el problema para ver qué necesidades tengo e intervenir en consecuencia.

Siempre que podamos, debemos enfocar nuestra actuación en encontrar una solución al problema. Es posible que no todos los problemas tengan solución, pero lo que sí va a ocurrir es que de todos ellos podamos aprender algo.

Tú decides si quieres que tu hijo/alumno aprenda alguna habilidad valiosa para su crecimiento o una emoción que lo incapacite y le haga sentir mal.

4. Entender el cerebro

Esta herramienta que inicialmente puede parecer teórica, tediosa y difícil como padre, madre o educador es esencial si queremos educar en positivo.

Como ya adelantaba en la parte de los orígenes de la disciplina positiva, y nos remontábamos a Alfred Adler como padre de la psicología individual y la fuente de la que bebe la disciplina positiva, la neurociencia, el conocimiento científico del funcionamiento cerebral es la base sólida sobre la que se asienta la teoría.

Pero ¿qué necesitamos entender del cerebro? A modo de resumen, y sin extenderme mucho, porque no es el objeto de este capítulo, comentarte tres hechos sencillos y esenciales:

- El cerebro es un órgano social, aprende de otros y con otros. Necesitamos a los demás para un desarrollo cerebral adecuado. Esto es aún más importante en la infancia. Nuestros hijos nacen «indefensos», con un cerebro inmaduro que va a necesitar de un adulto que sí lo esté para que modele todas las habilidades y funciones necesarias para un buen aprovechamiento de las funciones ejecutivas del cerebro.

- El cerebro es el único órgano del cuerpo que va desarrollando sus funciones con el paso del tiempo. Nacemos con un cerebro puramente instintivo y primitivo: preparado para mantener nuestra supervivencia; nos mantiene alertas; nos prepara para la lucha, la huida, o nos paraliza. Este cerebro regula las funciones vitales, como el hambre, la sed, la temperatura corporal, la respiración... Pero es tan impulsivo (necesita de respuestas rápidas) que nos mete en muchos problemas, puesto que no razona, piensa o toma decisiones meditadas; también tenemos el desarrollo de un cerebro más puramente emocional, el cerebro límbico.

- El cerebro está totalmente desarrollado en torno a los treinta años, esto es lo que nos muestran las últimas investigaciones. Por tanto, si hasta esa edad las funciones ejecutivas (planificación, enfoque en soluciones, postergar, regulación emocional, control de impulsos, empatía, razonamiento, etc.) no están del todo asentadas, ¿por qué «exigimos» a nuestros hijos/alumnos el pleno control de ellas? «Hijo, es que no piensas»; «No, aguanta un poco, qué impaciente eres»; «Te lo he dicho mil veces: así, no»…, y un largo etcétera. Nuestros hijos están adquiriendo estas habilidades, y habrá más oportunidades en las que no les salgan que en las que sí. Aunque a veces te dé la sensación de que ya lo entienden todo, recuerda: hasta los treinta años, esas habilidades aún no están afianzadas.

5. Los niños se portan mal cuando se sienten mal

Esta es una de mis frases (y herramientas) favoritas. Si lográramos entender que los niños no se portan mal, sino que se sienten mal, cambiaría mucho nuestra visión sobre la infancia y sobre el mal comportamiento.

Te pongo un ejemplo: los niños buscan la pertenencia, sentir que son importantes y tenidos en cuenta. Nacen con el deseo (y la necesidad) de contribuir. Quieren dar, quieren ayudar… Los adultos, sin darnos cuenta, vamos anulando ese deseo interno cada vez que decimos cosas como «Eres pequeño, tú no puedes», «Deja, que lo rompes», «No, que lo tiras», «Eso es de mayores»…, en lugar de alentarlos a desarrollar su capacidad en lo que sí pueden hacer con su edad.

6. Alentar en vez de alabar

Venimos de una crianza/educación en la que el elogio directo era prácticamente inexistente. Pocos son los adultos que escucharon de pequeños elogios o halagos por parte de sus padres; quizá con un poco de suerte podías escuchar cómo tus padres hablaban bien de ti a otros, pero lo normal es que a ti nunca te lo dijeran directamente. Decirle a un hijo: «Qué bien lo estás haciendo», o «Me siento orgulloso de ti»…, culturalmente, era algo que no estaba aceptado o ni siquiera alguien se lo planteaba.

La crianza, la educación han cambiado mucho. Ser padre hoy nada tiene que ver con ser padre hace unos años. Es más, hoy día nos encontramos con muchísimas dificultades, puesto que estamos intentando aplicar aquellas herramientas que en esa época de antaño sí que funcionaban y que hoy no están dando buenos resultados. Aunque, si revisáramos qué resultados dieron aquellas formas de crianza, también nos daríamos cuenta de que funcionar funcionaron, pero lo que provocaron no era lo que estábamos buscando.

Alentar en vez de alabar es una herramienta de disciplina positiva que se enfoca en observar más allá de la conducta y trabajar la creencia del niño. No se trata de decirle al niño que lo hace todo bien, eso sería una alabanza (o mentir, si se lo decimos cuando no está bien hecho…), sino de sacar el potencial intrínseco que tienen los seres humanos. Recordando que somos seres creativos por naturaleza y tenemos un potencial que necesitamos descubrir, practicar y afianzar.

El aliento se enfoca en esto precisamente. En palabras de Rudolf Dreikurs, «el aliento es a los niños como el agua es a las plantas, y un niño desalentado será un niño malportado». Los niños necesitan aliento para crecer y desarrollar una sana autoestima.

Te invito a leer más sobre esta herramienta y empezar a ponerla en práctica no solo con los niños, también con los adultos. El trabajo de la psicología adleriana es muy completo, pero, si tuviera que elegir solo un aspecto para aplicarlo en sesión, sin duda sería alentar al paciente/cliente, sabiendo que con ello nunca me voy a equivocar y la persona va a poder mejorar.

7. Firmeza amable

Vamos a revisar nuestro día a día... Normalmente, los padres nos levantamos con la idea, ilusión, enfoque de hacer las cosas bien, de ser amables con nuestros hijos, pero no sabemos qué pasa..., que esos deseos, intenciones y motivaciones se van diluyendo para dar paso al enfado, al grito, al castigo, a la firmeza... Nos volvemos firmes y autoritarios, damos una voz y, después, ¿qué pasa? Que nos sentimos mal y, para compensar, nos pasamos al lado de la amabilidad y la permisividad... Consiguiendo con ello marear a los niños.

Se nos olvida que no tenemos que elegir, que atrás quedó eso de «la letra con sangre entra» y que, para que los niños nos respeten, nos hagan caso, tenemos que ser solo firmes.

La educación en positivo nos propone no tener que elegir entre un extremo u otro y poder ser amables y firmes al mismo tiempo, que es lo realmente difícil.

La firmeza amable consiste en ejercer la paternidad/maternidad siendo justos y honestos con nosotros mismos. Te pongo un ejemplo de cómo se ve lo contrario y cómo lo correcto:

- Firmeza: desde solo la firmeza tendemos a hacer sentir mal al niño o adolescente. «Siempre estás igual; por más que te pido que apagues la tele, tú sigues ahí enganchado, da igual que te dé cinco minutos más, que tú no cumples. Al final me tengo que enfadar porque tú no obedeces; está claro que eres un maleducado y no puedo confiar en ti».

- Amabilidad: cuando solo somos amables, dejamos a nuestros hijos desprotegidos de normas, límites, valores... «Cariño, quiero que apagues la tele, pero, si vas a llorar, te dejo un poquito más, ¿vale? Es que no es bueno para ti, pero te dejo otros cinco minutos, cielo, es que mamá se pone triste si no le haces caso. Venga, la última vez y ya apagas, ¿vale, mi amor? Que no quiero que te pongas mal, pero tienes que apagar... Bueno, un poquito más, pero solo por hoy, ¿eh?».

- Firmeza amable: primero conectamos con nuestro hijo; según el caso, habremos pactado previamente un tiempo de pantalla, cómo vamos a intervenir y cuándo va a llegar a su fin. Llegado ese momento, nos pondremos a su altura, nos sentaremos a su lado, nos interesaremos por lo que está viendo y buscaremos el contacto visual. Una vez que tenemos su atención y hemos conectado, podremos decirle: «Cariño, el tiempo de tele se ha acabado. ¿Quieres apagar tú, o lo hago yo?». Estamos dando opciones limitadas y siendo firmes sin perder la amabilidad.

Seguro que, ahora que me lees, piensas: «Ya, ¿y si aun así no apaga?»... Déjame decirte que los padres estamos muy bien entrenados para suponer, pero no tanto para verificar. Normalmente, suponemos y anticipamos que las cosas no van a salir bien (esto los niños, aunque no lo creas, lo perciben), y en algunos casos se produce el efecto de «profecía autocumplida», pero en la mayoría, cuando hemos hecho el cambio real, el resultado es sorprendente. En cualquier caso, si aun así el niño no apagara la tele, tenemos muchas otras herramientas que podemos aplicar; lo importante es que recordemos cuál es el objetivo de querer educar en positivo y cuál es el resultado que estamos buscando. A veces, con sentirnos bien con nosotros mismos es suficiente. Así que la próxima vez piensa: «¿Estoy siendo el padre o la madre que quiero ser? ¿Me siento orgulloso/a de cómo estoy educando?».

No quería acabar este capítulo sin dejar un mensaje de aliento. A ti, que me lees y que has llegado hasta aquí: no me cabe la menor duda de que estás en esa lista de querer ser mejor padre/madre o educador, y esto, lo creas o no, es un gran paso.

Podrías elegir quedarte como estás, agarrarte a esa frase de «Siempre se hizo así y no salimos tan mal»..., pero en tu caso hay algo que te motiva, que te mueve y que te trajo hasta aquí.

Sin duda, el camino de la crianza respetuosa no es, a simple vista, el más fácil; va a requerir de ti mucha presencia y compromiso contigo mismo. Ya no puedes dejar todo al azar en manos de la paciencia, de a ver qué tal sale…, sino que tienes que hacerte responsable de tus actos y decisiones: ¿esto que estoy haciendo hoy me acerca hacia el lugar al que quiero ir, o me aleja?

Pero también te digo que es el camino más satisfactorio; al fin y al cabo, estamos aquí con la ilusión de dejar una huella imborrable, que perdure en el tiempo, que devuelva una imagen compasiva y amorosa de nosotros… Y si las huellas que dejamos son importantes…, aún lo son más los pasos que damos.

CAPÍTULO 8
EDUCAR PARA PREVENIR

Pedro García Aguado

Tenía doce años cuando nos sentaron, a mis hermanas y a mí, en el borde de la cama de mis padres para comunicarnos que mis padres se iban a divorciar. Era el año 1980, y eso del divorcio se acababa de aprobar por ley, lo que quería decir que ni yo ni mis hermanas entendíamos mucho qué significaba eso y qué consecuencias iba a tener en nuestras vidas (esas las descubrimos más adelante).

La primera fue que mi madre marchó de casa, ya que el acuerdo al que llegaron era que nos quedáramos en el hogar familiar hasta que yo cumpliera dieciocho años. Quizá te estés preguntando por qué se fue de casa mi madre y no mi padre; al parecer, fue mi madre la que había cometido la infidelidad y era la culpable. Con el tiempo he sabido que no era la culpable, pero me costó mucho darle la vuelta a ese pensamiento y dejar de juzgar a mi madre tan duramente como lo hice durante tantísimo tiempo; más adelante te cuento sobre esto.

La segunda consecuencia fue que nos cambiaron de colegio, aunque aún estuvimos yendo juntos mis hermanas y yo al mismo cole privado durante un año, y al que tuvimos que dejar de ir cuando mi padre ya no pudo seguir pagando y mi madre tampoco podía hacerse cargo del coste de los tres. Esta consecuencia para mí fue una de las peores, ya que tuve que cambiar a un colegio que estaba en un barrio al cual yo tenía que ir cada día porque la tienda de deportes que mi padre había adquirido con un socio y la piscina donde yo entrenaba waterpolo estaban muy cerca, pero no lo suficiente; ahora te cuento por qué hago esa matización.

Digo que no estaba cerca lo suficiente porque sufrí el mayor miedo que puede sufrir un niño de doce años, y es que una pandilla de rockabillies me amenazó de muerte diciéndome que me matarían un día al salir del colegio y que tuviera cuidado. Al no estar cercanas ni la tienda ni la piscina, yo tenía que andar un kilómetro desde la puerta del colegio hasta lo que yo en mi cabeza dibujé como mi zona de seguridad, que era la piscina y la tienda de mi padre y su socio.

En ese momento estaba cursando séptimo de EGB, y menos mal que ese primer año aún iba al colegio junto con Miguel, compañero mío de entrenamientos y con el que pasaba mucho tiempo en su casa. Además vivía en mi zona de seguridad. Él por aquel entonces cursaba octavo de EGB, eso suponía que en un año yo me quedaría desprotegido y tendría que hacer el recorrido del cole a la zona de seguridad yo solo y con la amenaza de aquellos pandilleros aún vigente.

Las consecuencias que te he narrado quizá no sean lo que da sentido al título de este capítulo, pero la tristeza, la rabia, el odio y el resentimiento que fui acumulando hacia mi madre y mi padre, a los que culpé del miedo que pasé durante esos años y que además nunca fueron conocedores de lo que yo tuve que pasar en ese colegio y en los trayectos hasta la zona de seguridad, esas sí son las consecuencias de las que quiero hablar en este capítulo, ya que trata de educar para prevenir.

No por culpa de mis padres me convertí en adicto: me convertí en adicto por no saber gestionar todas esas emociones, todos esos sentimientos, todo ese dolor, y por eso este capítulo es tan importante, porque podemos educar para prevenir.

Pero ¿a qué nos referimos al hablar de «prevenir» cuando educamos? ¿Queremos prevenir el mal comportamiento? ¿Queremos prevenir y procurar una adolescencia equilibrada? ¿Queremos anticiparnos al desarrollo de conductas de riesgo y prevenir que nuestros hijos e hijas desarrollen algún tipo de adicción? La verdad es que es muy complejo poder prevenir todas estas posibles circunstancias, y cómo padres y madres imagino que andaréis con un alto grado de preocupación si estáis leyendo este libro y este capítulo concretamente.

Mi motivación y compromiso al compartir contigo estos aprendizajes al respecto de la prevención es la de ser de ayuda. ¿Cómo? Dándote información para prevenir todo lo anterior y algún truco para que, cuando abordes estos temas con tus hijos o con tus hijas, los puedas acompañar sin juzgar y desde la máxima comprensión para que se sientan comprendidos.

Voy a citar parte de un speech que Carles Capdevila hizo en alguna de sus intervenciones antes de fallecer y que, con su gran sentido del humor, seguro que te hará sonreír. Carles comentó:

Un adolescente es un ser al que le preguntas: «¿Dónde has estado?, ¿con quién?, ¿y qué has estado haciendo?», y sus respuestas casi siempre son: «En ningún sitio, con nadie y nada». Técnicamente, si esto fuera cierto, no deberíamos preocuparnos por un ser que se pasa el día haciendo nada, con nadie y en ninguna parte.

Es una forma divertida de constatar algo que suele ocurrir cuando, en vez de comunicarnos con nuestros hijos e hijas, lo que hacemos es interrogarlos. Por lo tanto, una de las primeras recomendaciones que me atreveré a darte, si me lo permites, es la de que, si quieres mantener una conversación con tus descendientes y así prevenir situaciones incómodas, habla sin interrogar, sin juzgar y permitiendo que te cuenten cosas que quizá no quieras oír. Pero este tema de cómo tener una buena comunicación para prevenir conductas de riesgo te lo desarrollo más adelante.

Retomando la pregunta de qué queremos prevenir, me voy a centrar en las actitudes de riesgo, consumo de alcohol y otras drogas, y que pueden derivar en dependencia, también llamada «adicción». Pero la OMS (Organización Mundial de la Salud) advierte del incremento de la adicción y de que la enfermedad de la adicción no se desarrolla solo por el consumo de sustancias, sino que hay una nueva categoría que es la de adicción psicológica, a saber: videojuegos, pornografía, sexo, compras compulsivas, apuestas deportivas y de todo tipo (ludopatía), redes sociales e internet.

Entre el 6 % y el 9 % de las personas usuarias de internet, redes sociales, etc. pueden presentar conducta adictiva, según la OMS. Por lo tanto, vamos a ver cómo podríamos prevenir el desarrollo de este tipo de conductas adictivas respecto a las drogas, legales e ilegales, y a las tecnologías, sexo, apuestas, etc.

Para ello, vamos a ver lo que la OMS y otras muchas entidades, como la FAD (Fundación de Ayuda Contra la Drogadicción), consideran que puede influir para que un hijo o una hija se acerque al consumo de alcohol y otras drogas, haga mal uso de las tecnologías y desarrolle dependencia. Son los denominados «factores de riesgo».

Aunque no existe una causa concreta que dé una explicación del motivo por el que una persona comienza a hacer uso de las drogas, lo más adecuado es nombrar algunas condiciones que, combinadas, favorecen el hecho, y entre ellas están:

- La curiosidad por experimentar.

- La presión del grupo de iguales.

- La búsqueda de placer.

- La búsqueda de evasión ante situaciones adversas que provocan malestar.

- Presencia aceptada en la sociedad adolescente y adulta de las drogas.

- Escasa o nula conciencia del riesgo que conlleva el consumo.

- Control familiar inconsciente.

Relacionado con el uso y posible desarrollo de adicción a las tecnologías (internet, redes sociales virtuales, ludopatía, videojuegos, etc.):

- Excesivo tiempo en su uso.

- Dificultad para socializar con sus iguales.

- Carencias afectivas.

- Búsqueda de evasión del mundo real.

- Facilidad para su uso.

- Uso aceptado y extendido en toda la sociedad.

- Ignorancia sobre el riesgo potencial debido al diseño de las mismas.

Puede resultar algo exagerado, pero te invito a que veas en Netflix el documental El dilema de las redes o, en versión original, The social dilema, y entonces vuelvas a leer el último factor de riesgo, el que se refiere a para qué se diseñaron muchas de las aplicaciones que usamos e instalamos en nuestros teléfonos inteligentes, y así entenderás por qué es un factor de riesgo.

Quizá no tengas tiempo de verlo, por lo que te doy una pista: las aplicaciones se desarrollaron y programaron para tener a las personas el mayor tiempo conectadas. Otra sugerencia que, si me permites de nuevo, me atrevo a lanzar es la de que dejemos de llamar «teléfonos móviles» a unos teléfonos con los que lo que menos hacemos son llamadas, y llamémoslos como lo que son, terminales móviles de entretenimiento, socialización, trabajo, etc. Para ser prácticos, sé que no los podemos llamar así porque es demasiado largo, pero que al menos sepamos lo que son. De la misma manera, deberíamos empezar a hacer el matiz entre redes sociales en persona y redes sociales virtuales, para no perder la delgada línea entre lo virtual y lo presencial.

Quizá estés pensando en que todo esto está muy bien, o quizá ya lo sabías, pero lo que necesitas son herramientas para prevenir el uso temprano, el posterior abuso y la no querida ni deseada dependencia. Pues bien, la OMS nos enumera algunas condiciones que disminuyen la probabilidad de que una persona acabe decidiéndose por el consumo de drogas y que están relacionadas con cambios culturales y legislativos de nuestra sociedad a los que denominamos «factores de protección»:

- Supresión de la publicidad de las bebidas alcohólicas y del tabaco.

- Aumento de los precios.

- Garantía de prevención en las escuelas.

- Cumplimiento de las leyes que prohíben la venta de alcohol a menores.

- Endurecimiento de las penas por narcotráfico.

En relación con las tecnologías:

- Retardación lo máximo posible del uso de pantallas en edades tempranas.

- Regulación de la publicidad y las ofertas de las casas de apuestas.

- Prohibición de la entrada a las casas de juego presencial a menores de dieciocho años.

- Prohibición del juego online a los menores de dieciocho años.

- Supervisión consciente y responsable por parte de padres y madres del uso que hacen sus hijos e hijas de las tecnologías.

La verdad es que este tipo de lista podría ser interminable, pero aun así no sería del todo eficaz para prevenir al cien por cien el uso temprano, el mal uso o el desarrollo de la adicción, y ¿sabes por qué? Porque en ninguna de ellas se hace referencia a uno de los factores de más riesgo y de mayor protección que existen, y que es la alfabetización emocional. Y es así porque, de la misma manera que el analfabetismo emocional es un factor de altísimo riesgo, la alfabetización emocional desde el hogar, desde la familia, desde la escuela, desde los medios de comunicación, desde las propias tecnologías de la información y comunicación, etc. consigue que una persona en edad temprana esté preparada y decida no consumir, no evadirse de la realidad. Que sea capaz de afrontar sus adversidades; resuelva sus conflictos; se relacione presencialmente, además de virtualmente; venza sus miedos; desarrolle habilidades sociales; conozca y dé nombre a sus emociones, a sus sentimientos; aprenda a regularse conscientemente, y que eso evite que necesite el uso o abuso de drogas, tecnologías y otras actividades para sentirse bien.

Para minimizar los riesgos que conllevan no solo el uso de drogas legales e ilegales, sino el abuso de las tecnologías en los menores, debemos ahondar un poco más en los factores individuales de cada persona: la personalidad, la madurez emocional, su capacidad para la gestión de la adversidad y la inteligencia emocional.

Para que tú sepas cómo prevenir actitudes de riesgo en casa, y cumpliendo así con mi compromiso adquirido en este capítulo de proporcionarte información..., te revelaré un truco. De momento, ya te he dado algo de información referente a los factores de riesgo y de protección, y al factor de protección que yo considero más eficaz y que te va a servir de guía; pero, antes de darte el truco, que te lo compartiré en forma de reto, permíteme, por favor, que te siga contando algunas cosas que me ocurrieron cuando era joven y no tenía ni idea de cómo gestionarlas.

Después del divorcio de mis padres, como te conté al principio del capítulo, se sucedieron unos años entre el miedo, la inseguridad, la novedad, la adolescencia, y llenos de libertad. La nueva situación en casa me permitió vivir libremente; en aquel momento fue genial, sobre todo cuando aprobé octavo de EGB y pasé al instituto que estaba en el centro de mi zona de seguridad: casa de Miguel, piscina y tienda de deportes de mi padre, todo en la misma manzana y lejos de aquellos pandilleros.

De los catorce a los dieciocho años puedo decir que tuve una vida loca: anduve muy suelto y tomando decisiones que me llevaron, por un lado, a triunfar y, por otro, a empezar mi caída a los infiernos. Después de repetir varios cursos, después de ser expulsado una semana del instituto y de muchas otras aventuras, mientras entrenaba cada día en la escuela de waterpolo, en Madrid, convirtiéndome en un crack del waterpolo, me fui a Barcelona fichado por un club catalán, el Club Natación Cataluña.

No había cumplido aún los dieciocho y me marché de Madrid. Pero no marché feliz, marché enfadado. El enfado lo provocó un nuevo cambio en la estructura familiar, mi padre se casó con la pareja con la que llevaba ya tiempo de relación, y eso volvió a provocar cambios; en este caso, cambio radical de casa y de barrio, ¡otra vez!

¿Recuerdas lo que te conté al inicio del capítulo? El acuerdo para que nos quedáramos en la casa familiar era hasta que yo, el pequeño de los tres, cumpliera dieciocho. Pues los cumplía ese año. Mi padre ya lo tenía calculado y reformó la casa de su nueva pareja para que cupiésemos todos allí. Ese cambio para mí fue definitivo, y decidí marcharme de Madrid a Barcelona. No sé si conoces mi historia, pero el caso es que ese cambio me vino genial: participé en cuatro Juegos Olímpicos y gané una medalla de plata en 1992 en los Juegos de Barcelona, y una de Oro en los Juegos de Atlanta en 1996, y todo esto, siendo un analfabeto emocional.

No es que sea duro conmigo mismo y por eso diga lo de «analfabeto emocional»; lo digo porque lo era, pero sin ningún tipo de acritud, sino porque, ahora que tengo cincuenta y cuatro años y empiezo a saber qué es eso de los sentimientos y las emociones, pienso que, si hubiera tenido estos conocimientos en aquellos años, quién sabe, quizá hubiera prevenido muchas de las actitudes de riesgo que desarrollé y que dieron con mis huesos en un centro terapéutico a mis treinta y cuatro años. Y menos mal que me recuperé y llevo veinte años sobrio.

Con toda esta experiencia vivida y con todos los conocimientos que he ido adquiriendo en estos veinte años sobre adicciones, conductas de riesgo, conflictos familiares intergeneracionales, etc., puedo decir que la educación emocional es la herramienta preventiva que mejor funciona para ayudar a nuestros hijos e hijas a tomar mejores decisiones, para así no poner en riesgo su salud física y mental, y ser capaces de gestionar la frustración cuando las cosas no van como quieren, sin recurrir a la evasión a través del uso de las tecnologías ni del consumo de drogas legales o ilegales.

Te dije que te daría un truco que, a su vez, lleva implícito un reto; pues bien, empiezo por el reto, que te ayudará, si consigues superarlo, a educar en la prevención. Se trata de que tú, como padre o como madre, seas capaz de diferenciar entre lo que es una emoción y un sentimiento; seas capaz de entender que no hay emociones ni malas ni buenas; consigas conocer su significado, y eso te ayudará a reconocer sus mensajes, puesto que cada emoción nos trae un mensaje que deberás descifrar. Tu reto es también aprender a identificar la intensidad de cada emoción; desde ahí, aprender a regularlas y, lo más importante, saber que las emociones y los sentimientos ni se bloquean ni se controlan: se regulan. Solo así lograrás educar para prevenir. Ese es tu reto, y para que lo consigas te doy algunas nociones para que lo tengas más claro y, de la misma manera, se lo puedas transmitir a tus hijos, o a tus hijas, o a ambos.

Lo primero que debes conocer es el esquema emocional, y te lo resumo en la siguiente línea.

ESTÍMULO EMOCIÓN + PENSAMIENTO = SENTIMIENTO COMPORTAMIENTO

La emoción es algo físico provocado por un estímulo: un corazón acelerado; un repentino calor que sube y nos pone roja la cara o las orejas; un sudor imprevisto; un nudo en el estómago; una presión en el pecho; mariposas en el estómago, etc.; por lo tanto, para regular una emoción deberemos hacer cosas con el cuerpo, y estas cosas tendrán que estar relacionadas con la intensidad de esa emoción. No te voy a hablar de todas las emociones, ya que hay en este libro un capítulo que habla de ello, pero déjame que te nombre alguna de las más básicas, como, por ejemplo, la ira o la rabia. Cuando sientes enfado, rabia por algo, según sea la intensidad y en qué parte de tu cuerpo la estés notando, tendrás que usar una estrategia diferente para regularla. Si, por ejemplo, el enfado que tienes es de una intensidad de diez, siendo diez el nivel más alto, no te servirá solo con hacer unas cuantas respiraciones (acción recomendada en muchas ocasiones), quizá tengas que cambiar tu postura, levantarte si estás en una silla o sofá, hacer algunos movimientos con los brazos, andar, bailar o incluso salir a correr. Posiblemente, esto no termine del todo con tu enfado, pero sí disminuirá su intensidad y podrás afrontar la situación siguiente: una conversación, por ejemplo.

Si a la emoción le sumamos lo que pensamos, ese discurso interno que nos contamos durante días, meses, incluso años, generamos un sentimiento. Podríamos decir que un sentimiento es una emoción que se alarga en el tiempo, pongo por caso la tristeza. De acuerdo que la tristeza puede estar originada por un estado depresivo, pero yo me estoy refiriendo a la tristeza provocada por la lectura que sacas de un hecho concreto y el sentimiento que genera el discurso interno que la está provocando. ¿Cómo se regula entonces un sentimiento? El sentimiento es algo racional, viene provocado por nuestra forma de pensar, por lo tanto, se regula con recursos mentales, racionales. Al estar provocado y mantenido en el tiempo lo que nos estamos contando, debemos, según el caso, contárnoslo de otra forma que nos ayude a tener otro enfoque y que nos ayude a salir de la tristeza.

Te pongo un ejemplo personal: como te he contado al inicio del capítulo, durante mucho tiempo juzgué duramente a mi madre por la decisión que había tomado de separarse de mi padre cuando yo tenía doce años, sin valorar ni pararme a pensar en qué la había podido llevar a tomar esa decisión tan dura de no solo irse de su casa, sino también separarse de mis hermanas y de mí. La película que me contaba me hacía estar triste y enfadado con ella; lo peor es que la película que me conté durante tanto tiempo me provocaba un dolor tremendo que mal aprendí a calmar con el consumo de alcohol y otras drogas. No fue hasta años después de mi recuperación en un centro de drogodependencia que pude ver a mi madre sin rencor, sin rabia, y la vi como una mujer valiente, adelantada a su tiempo, que contra viento y marea se rebeló contra lo establecido y que, para poder estar bien más adelante con mis hermanas y conmigo, como así fue, tomó la decisión más dura que una madre tiene que tomar como es la de dejar de ver a sus hijos.

¿Qué ocurrió? ¿Por qué dejé de sentir rabia hacia ella? Te lo explico para que lo puedas poner en práctica.

1. Le puse nombre a lo que sentía.

2. Le puse un número a la intensidad con que lo sentía.

3. Identifiqué el discurso que me estaba contando.

4. Cambié lo que me estaba contando.

Me puse manos a la obra y me hice responsable de aquello que sentía; solo yo podía darle la vuelta a ese sentimiento, cambiando el enfoque. ¡Ojo! No confundir con huir de la realidad, con mentirse utilizando el autoengaño. A lo que me refiero es que busqué otro enfoque, otra forma de ver a mi madre, de entender sus motivos, y valoré de otra manera el mismo hecho ocurrido hacía ya más de treinta años.

Ya tienes tu reto para educar en la prevención, y es saber diferenciar entre «emoción» y «sentimiento»; ponerles nombre; sentir la intensidad y regularte; distinguir cuándo un pensamiento sobre algún acontecimiento se te alarga demasiado en el tiempo, provocándote un sentimiento que puede ser doloroso o, por el contrario, reconfortante, y ya sabes qué tienes que hacer si es doloroso y no quieres seguir sintiéndote de esa manera: regularlo con recursos mentales, racionales, y cambiando el enfoque.

Es en este momento cuando tienes que cambiar la mirada hacia tus hijos o hijas, y desde ahí enseñarles cómo se hace. Prevenir es alfabetizarlos emocionalmente, no me refiero a que sepan el nombre, sino a que aprendan cómo es todo el proceso (Estímulo Emoción + Pensamiento = Sentimiento Comportamiento). De esta forma, mi clasificación de los factores de riesgo y protección quedaría de la siguiente manera:

1. Factores de riesgo tanto para el uso temprano o desarrollo de adicción a las drogas y a las tecnologías:

- Escaso o nulo conocimiento de padres y madres sobre gestión emocional.

- Falta de inteligencia emocional por parte de hijos e hijas, lo que se traduce en dificultad para resolver conflictos y superar adversidades.

- Educación negligente y sobreprotectora (aquella en la que no se ponen normas ni límites).

- Amor irresponsable o desordenado (aquel que no acompaña de forma ordenada y coherente).

- Bajo nivel de autoestima y de autovaloración positiva.

- Nula transmisión de valores individuales y colectivos, como la responsabilidad, la disciplina o el esfuerzo.

Para enumerar los factores de protección que surgen después de lo que has ido viendo, te ruego que recuerdes lo que comenté en párrafos anteriores sobre el que pienso yo que es el mejor factor para la prevención de conductas de riesgo. ¿Recuerdas? Es la alfabetización emocional, pero también te hablé de la importancia de una buena comunicación para que no haya malas interpretaciones. Como ya existe mucha literatura sobre comunicación, yo solo te hablaré de tres tipos de comunicación y que las explica muy bien Antonio Ríos, psicoterapeuta de familia, experto en ayudar a mejorar la convivencia con adolescentes:

Comunicación afectiva, efectiva y superficial:

- La comunicación afectiva se refiere al momento en el cual tu hijo o hija adolescente viene a contarte algo. Evidentemente, ese momento no es el más adecuado para ti: o estás a punto de dormirte, o estás en un momento de relax, o has empezado a preparar la cena; el caso es que se sientan y empiezan a contarte cosas. Antonio nos recomienda no interrumpir, no interrogar; recuerda que lo comentamos al principio: no juzgar. Hay que dejar que cuenten y, como mucho, usar las llamadas «palabras abre puertas»: «Ah...», «Sí...», «Umm...», «Vaya...», «¿No me digas?...». Así, hasta que terminen; pero estate preparado o preparada para escuchar cosas que quizá no quieras oír.

- La comunicación efectiva es aquella en la que tú les dices cosas. Esta comunicación ha de ser corta, que les pille de improviso, sin avisar, y tiene que ver con lo que les quieras comentar sobre aquellas cosas que te comentaron aquel día en el que hablaron, contaron sus cosas, y algunas te preocuparon. Los mensajes han de ser cortos y precisos, háblales de lo que te preocupa, pero sin juzgar, en un tono firme y amoroso, para que entiendan qué es lo que les estás pidiendo que hagan, o simplemente trasládales tu opinión.

- La comunicación superficial, por su parte, es aquella que se genera de manera espontánea sobre cosas banales; por ejemplo, comentar cosas de las redes sociales, de los o las influencers de moda, etc. Todos estos temas generan una cercanía muy sana con nuestros hijos e hijas. Antonio comenta que es bueno establecer este tipo de conversaciones cuando estén en casa sus amigos o amigas; eso hará que quedes genial y piensen que eres una madre o un padre con el que se puede hablar.

Por lo tanto, si la mala comunicación y la no alfabetización emocional son factores de riesgo, la buena comunicación intrafamiliar y la alfabetización emocional nos dan una nueva lista de factores de protección para educar y prevenir.

2. Factores de protección, desde la mirada de la educación emocional, tanto para el uso temprano como para el desarrollo de adicción a las drogas y a las tecnologías:

- Enseñar a gestionar emociones y sentimientos a través de la educación emocional desde temprana edad. Hasta la edad de ocho años se necesita la ayuda, para la regulación de las emociones, de una persona adulta.

- Modelos educativos que favorezcan el desarrollo de habilidades sociales y de una fuerte autoestima. Asistir a escuelas de familia para adquirir conocimientos sobre esto.

- Educar transmitiendo el apego seguro y una resiliencia primaria bien desarrollada.

- Fomentar actitudes de respeto hacia la propia salud y la colectiva.

- Canalizar de una manera positiva la curiosidad de los adolescentes hacia actividades constructivas.

- Fomentar valores colectivos e individuales, como la responsabilidad en encuentros presenciales.

- Transmitir, desde temprana edad, la definición tanto de droga legal como ilegal, e incluir en la clasificación de drogas el alcohol como droga legal más usada y socialmente aceptada, y así posiblemente aumentar la conciencia de riesgo.

Te debía el truco. Para educar en la prevención, el truco está en llamar a las cosas por su nombre, y para prevenir el consumo de alcohol y otras drogas deberemos saber la definición de droga de la Organización Mundial de la Salud, y esto es lo que dice: droga es toda aquella sustancia que, una vez ingerida por el organismo, es capaz de alterar una o varias funciones del mismo, capaz de afectar al comportamiento y a la toma de decisiones. De las tecnologías podríamos decir algo muy parecido, con la diferencia de que los teléfonos inteligentes, las redes sociales, internet, los videojuegos no los ingerimos, pero sí los consumimos, y es ese consumo el que nos puede llevar, en algunos casos y dependiendo de algunos factores que ya has visto, a desarrollar dependencia.

Ahora ya conoces algo más, quizá una nueva mirada de un mismo problema, una nueva manera de afrontar una situación que viene repitiéndose desde siglos y siglos. La educación es algo que preocupa y que por eso nos obliga a mejorar, es algo que también motiva y hace de este mundo un lugar mejor. La mejor manera de prevenir sería saber qué es educar, y para ello voy a tomar una definición de mi amigo Antonio Chamorro, educador social y pedagogo, aunque él dice que es de otro autor: «Educar es amar de forma ordenada, sistemática y coherente».

CAPÍTULO 9
EDUCAR EN EL PENSAMIENTO CRÍTICO... Y CREATIVO

Gabriel García de Oro

Si hay una frase que, por un motivo u otro, me acompaña a lo largo de mi vida, es la siguiente: «Cuando el alumno está preparado, el maestro aparece». Este proverbio zen nos habla de dos cosas que nos conviene tener siempre presentes. La primera hace referencia a nosotros mismos y a la importancia de entender que el verdadero aprendizaje reside en nuestro interior, en nuestra capacidad de absorber las lecciones que el mundo, solo por seguir girando, nos brinda. La segunda es un canto a la humildad. Cualquiera puede convertirse, repentinamente, en nuestro maestro, en nuestra fuente de sabiduría. Para ello debemos estar atentos, conectados y abiertos a todo y a todos. Esto, por supuesto, también incluye a los más pequeños de la casa. Si permanecemos con los oídos dispuestos a escuchar y el corazón listo para aprender, el día a día será una inagotable fuente de inspiración, transformación y sabiduría.

Yo mismo tuve la suerte de experimentar uno de estos momentos transformadores cuando, un sábado por la mañana, salimos en familia a recorrer en bicicleta una de las rutas que rodean la ciudad en la que vivimos. Todo bien. Paisajes que te hacen olvidar el cemento, ejercicio saludable, risas, ganas de pasar tiempo juntos y ese sentimiento de libertad que solo da el aire libre. Eso no solo lo sé yo, mucha gente decide regalarse un poco de deporte ligero y altamente gratificante; así que, en algunos tramos, te ves en la obligación de o bien adelantar a otros ciclistas, o bien ajustarte a su ritmo. A mi hijo, con sus diez años y sus infinitas ganas de velocidad, no le gusta nada ajustarse a ningún ritmo que no sea el suyo propio. Normal.

—Espera, Mauro, déjame adelantar a mí y tú me sigues —dije, prudente.

—¡No! ¡Déjame a mí! —protestó él.

—Créeme. Es peligroso. Vienen ciclistas de cara. Tú no sabes adelantar.

Sin duda, no fue mi mejor frase como padre, pero en ese momento quería zanjar el asunto de la forma más rápida que me fuera posible.

—¡Jo, papi! ¿Y cuándo aprenderé a adelantar si no me dejas intentarlo?

Como ya te imaginarás, no supe responder a esta pregunta. O, mejor dicho, sabía que la respuesta se parecía mucho a… «Nunca. Si fuera por mis ganas de padre protector, nunca aprenderías a adelantar, y siempre, durante toda tu vida, estaría yo para decirte cuándo es el momento justo de hacerlo». Por supuesto, no dije ni una sola de estas palabras. Al contrario, tuve que resignarme ante la lección que acababa de aprender. ¿Qué hice? Dejé que fuera él quien calculara si tenía o no espacio para emprender la maniobra. No tuve más remedio que tragarme mis ansias de seguridad y confiar en mi hijo para que fuera él quien sopesara tanto la visibilidad como la velocidad necesarias para realizar el adelantamiento. También aguanté, una vez completó la maniobra, que me dijera: «¿Ves? Sí que sé. Lo hago mejor que tú y que mamá. Ja, ja, ja». Sonreímos los dos. Era su victoria, un triunfo generacional que aguanté en silencio mientras me alegraba que lo hubiera conseguido, a la vez que me dio mucho que pensar, nunca mejor dicho. Veamos.

Para mí, el pensamiento y la creatividad siempre han sido una obsesión. A ella me dedico como escritor, publicista y consultor estratégico, tratando de encontrar los caminos del pensamiento disruptivo. Como coach, también soy consciente de que la creatividad hace que podamos construir posibilidades de acción cuando la inercia de las circunstancias nos oculta por dónde seguir. Y claro, mi carrera de Filosofía me convenció de algo que Antoine de Saint-Exupéry, autor de El Principito, resumió magistralmente: «Sé que solo hay una libertad, la del pensamiento». Así pues, educar, como ya se ha dicho muchas veces, es educar en el pensamiento. Aunque no solo esto. Hay más. No podemos detenernos ahí.

Pensar, pensamos todos, y se puede pensar bien o mal. Pensar, lo que es pensar, puede convertirse en un arma de doble filo con la que nos dañemos, agredamos y habitemos en un bucle de inseguridad y baja autoestima. No, el valor del pensamiento necesita ampliarse. El pensamiento al que nos estamos refiriendo debe ser uno crítico y creativo, posibilitador, potenciador de nuestras capacidades, así como un vehículo que, como le pasó a mi hijo subido en su bicicleta, nos permita avanzar frente a las dificultades que nos encontremos y alcanzar los objetivos que nos hemos marcado. ¿Cómo se hace eso? ¿Podemos acompañar a nuestros hijos y nuestras hijas en el viaje de pensar bien y por sí mismos/as? Creo que sí. Y como crear es creer..., creamos y crearemos un entorno de pensamiento poderoso, crítico y creativo.

Para ello, primero debemos recurrir al inmenso poder que encierran las palabras en sí mismas, es decir, en su etimología. Siempre nos da pistas. El origen de las palabras nos revela un significado oculto que tanto por el tiempo como por el uso se ha ido diluyendo. Pero está ahí. Y cuando somos conscientes de él y de su significado original, esa palabra toma más fuerza, más potencia y, claro, mayor poder. Sucede hasta con la propia palabra etimología, que proviene del griego y se compone de etymos, que significa «verdadero», y logos, que quiere decir «expresión o palabra». Por tanto, en su significado original, etimología es el verdadero significado de la palabra. Es genial, ¿verdad? Bien, pues pasemos ahora a la palabra pensar. ¿Cuál es su significado verdadero? Pensar proviene del latín pensare, que a su vez tiene su origen en pendere en el sentido de «colgar, comparar dos pesos en una balanza». Entonces, para pensar necesitamos dos lados, dos opciones, como mínimo, colgadas ante nosotros. Y cuidado, porque hay muchas formas de caer en el no pensamiento o el falso pensamiento, como, por ejemplo, estar demasiado seguros de algo o, también, solo ser capaces de contemplar una opción, sin atender ni imaginar nada más.

¿Y crítico? ¿Tiene un significado tan inspirador? Me temo que sí. Proviene de kritikos y hace referencia «al que juzga, al que decide». Es decir, para no caer en la fatal parálisis por análisis, no solo necesitamos sopesar esas opciones que cuelgan ante nosotros, sino que es de vital importancia decidir, orientarnos a la acción. Sí, el pensamiento crítico está orientado a la acción después de ser capaces de evaluar varias opciones. Eso es lo que hizo mi hijo cuando adelantó al ciclista. Es lo que, de forma inmediata e intuitiva, consiguió. De ahí su alegría, me imagino. Pero hay más, porque, al conseguir un resultado acorde a sus expectativas, ganó confianza y autoestima.

Sigamos, porque aún no es suficiente.

Estos valores son una parte, pero como educadores necesitamos introducir un nuevo concepto. Ya no poderoso, sino mágico. Este valor, unido al pensamiento crítico, es demoledor. Ganador. Inapelable. ¿Cuál es? La creatividad. Educar no es solo educar en el pensamiento crítico, sino hacerlo en la creatividad y todos los valores asociados a ella. Pero, antes de seguir, una advertencia: creativos somos todos y todas. A pesar de que, para muchos, la creatividad está reservada para gente especial y con un don concreto, esto no es así. La creatividad es una facultad humana, muy humana. Lo que sucede es que algunos la practican y la ejercitan, y otros, no. Solo eso. Sigamos.

Tal y como hemos convenido, pensar es sopesar entre varias opciones, a la vez que somos capaces de separar lo bueno de lo malo y decidir entre aquello que nos acerca o aleja de nuestras metas y objetivos. Pues bien, entonces vamos a necesitar esas opciones. Verlas. Crearlas. Sin eso, nos va a resultar muy complicado elegir.

Sin creatividad es casi imposible tener criterio propio, pensamiento libre y liberado. Y cuando hablo de creatividad no me refiero solamente a la ocurrencia o al ingenio afilado, sino a nuestra capacidad de producir y engendrar, como también nos recuerda su origen etimológico. Creatividad para crear cosas nuevas, realidades que aún no existen. Crear ya no solo posibilidades, sino planteamientos, acercamientos, maneras de resolver problemas o dificultades. Sí, crear opciones. Buenas, malas o excelentes, pero varias. Y esas posibilidades de acción nos hacen sentir más libres, porque no hay nada que nos atenace más o nos produzca más desconsuelo que no tener más opciones que las aparentes. Buenas noticias. Siempre hay más. Porque la vida no es binaria ni en blanco o negro. Es rica, múltiple y diversa, como nosotros, como nuestra capacidad creadora.

¿Cómo se educa en la creatividad? ¿Cómo hacer para que los más pequeños no se pierdan en el pensamiento dogmático, gris y, si me permites, borreguil que parece asediarnos? Yo encontré la respuesta en uno de los grandes creativos publicitarios de todos los tiempos, alguien que, a fuerza de fomentar la creatividad, fundó un imperio y erigió, seguramente, la multinacional más importante de la historia de la comunicación. Estoy hablando de David Ogilvy y de sus «ocho hábitos de las comunidades altamente creativas».

Me gustaría señalar que David Ogilvy es la principal razón por la que, una vez lograda mi licenciatura, quise dedicarme a la publicidad y, en concreto, a la creatividad publicitaria. Sí, me había formado en el pensamiento. Sin duda, me había esforzado para que ese pensamiento fuera crítico, pero la creatividad me fascinaba. Sin ella me faltaba algo y, por tanto, deseaba dedicarme a ella. Soñaba con vivir acorde a aquello que pudiese sacar de mi imaginación, de mi rapidez mental, de mi afluencia, aunque por aquella época aún no entendía bien estos conceptos. Sea como sea, lo quería y aún más cuando cayó en mis manos un libro titulado Confesiones de un publicista, de un tal David Ogilvy. ¡Pum! Ya no había duda. Lo vi todo claro. Tenía un camino, un sentido… Y como descubriría años después, sentido y destino tienen las mismas letras en distinto orden. Todo sentido encierra un destino, y, desde entonces, me propuse que mi destino fuera trabajar en Ogilvy, formar parte de esa cultura creativa. Lo conseguí, y hoy llevo casi dos décadas trabajando en Ogilvy Barcelona, y en todo este tiempo siempre me han acompañado estos «ocho hábitos de las comunidades altamente creativas» que, en pocas líneas, voy a compartir contigo.

Estos ocho hábitos no solamente los he usado en el trabajo (si se puede decir «trabajo» a algo que te apasiona), sino que los he aplicado en todos los aspectos de mi vida. Y cuando digo «todos», incluyo, obviamente, mi familia, la educación de mi hijo, y también trato de transmitirlos en mi actividad docente, tanto en Fantástica Storytelling School como en los múltiples talleres y seminarios que imparto a jóvenes alumnos que quieren entregar su vida a la creatividad, sea o no sea publicitaria. No les enseño técnicas ni trucos. No los formo en nada, sino que trato de transformar su manera de pensar en una creativa, disruptiva, libre y liberadora; es decir, que liberen su poder, su potencial, su propia magia. Y lo consiguen, siempre y cuando se comprometan a asumir las siguientes cualidades:

1. Honestidad. Por razones de estilo he traducido el candour original como honestidad y no como candor, aunque también nos serviría. La RAE define candor como «sinceridad, sencillez, ingenuidad y pureza del ánimo». Todos estos valores son fundamentales para la creatividad, pero ahora quiero centrarme en cómo la honestidad puede generar un ambiente de educación altamente creativo. Imagínate esta situación: tu hijo te enseña un dibujo que ha hecho para felicitarle el cumpleaños a su tía. Tú miras el dibujo y ves que no está demasiado bien, sobre todo porque se le notan las prisas, se ve que es para cumplir. A pesar de que le has estado advirtiendo de que la fecha se acercaba, él lo ha dejado para el último momento y, al final, sí, ha cumplido, pero poco más. Tú, que conoces a tu hijo, sospechas que te lo está enseñando para que alguien le diga que está bien lo que, en realidad, no está tan bien. Y él es muy consciente de ello. No lo admitirá, pero es consciente de ello. ¿Te suena? A mí, mucho. ¿Qué hacer? O, mejor, ¿qué no hacer? Dos cosas. La primera, felicitar o aplaudir como si estuviésemos delante del nuevo Velázquez. Guardemos las felicitaciones para cuando las acciones sean meritorias de elogio, solo así sabrán que son sinceras y confiarán en nosotros. Segunda cosa que no debemos hacer: decir que

eso es una porquería y cosas por el estilo. Ni un extremo ni el otro. La honestidad, en términos creativos, es valorar el dibujo que nos enseña con sus cosas buenas y las cosas a mejorar, que no cosas malas (un dibujo no puede tener «cosas malas»). Incluso, podemos preguntar la razón por la que está haciéndole un dibujo a su tía. Porque a lo mejor el chico no quiere hacer eso, a lo mejor conectaría más con él mismo si regalara otro tipo de cosa. Una poesía, un cuento o un baile, ¿por qué no? No hace falta que sigamos siempre el camino de la tradición y de «esto es lo que se ha hecho siempre».

Fomentar la honestidad es crucial en cualquier entorno creativo, y se empieza por uno mismo. Lo mejor que podemos hacer es preguntarle a él, acompañarlo para que indague en su interior. Las preguntas abiertas, aquellas que no pueden ser contestadas con un sí o un no, son poderosas y siempre creadoras. Por ejemplo, en este caso: «¿Y a ti qué te parece el dibujo?»; «¿Por qué estás haciendo un dibujo?»; «¿Se te ocurren más cosas que podrías hacer, aparte de un dibujo?».

2. Coraje. Coraje y corazón comparten origen. Y es que, al fin y al cabo, el coraje no es otra cosa que ir con el corazón por delante. Puede que tenga miedo, puede que me acechen las dudas, las inseguridades, pero decido poner el corazón, decido entrar a la realidad con coraje. Y sí, la creatividad necesita altas dosis de coraje, porque las ideas son frágiles, están expuestas a ataques de todo tipo, tanto propios como ajenos. Porque una buena idea implica riesgo, y para afrontarlo habrá que tirar de coraje. Quien siga la senda de una

vida creativa deberá pelear por sus ideas. Insistir, trabajar sin descanso y tener la confianza suficiente como para no desfallecer ante las adversidades. Ahí está la clave: el coraje nos lleva a la confianza, y la confianza nos lleva al coraje, y así sucesivamente. Este círculo creativo de coraje y confianza se trabaja. Por eso es importantísimo no tomar decisiones por nuestros hijos y fomentar su capacidad de decidir por ellos mismos, por ellas mismas.

—¿De qué hago la redacción?
—No sé, hijo... Hazla de las mariposas.
—Vale.

Un diálogo sacado de la vida y que es un «matador de la creatividad», porque, entonces, somos nosotros quienes estamos decidiendo y creando. ¿Qué hacer? Incomodarlos con algo que no les gusta nada, es más, les molesta muchísimo. ¿Qué es? Me temo que, de nuevo, la respuesta son las preguntas para llegar al centro de la creatividad: «¿Tú de qué la harías? ¿De qué te gustaría hablar? ¿Con qué te sentirías orgulloso? ¿Qué es lo que más te interesa en estos momentos?». Es primordial que no acaben hablando de mariposas cuando, seguramente, ni les importa ni les gusta ese tema para su redacción. Que hablen, que se expresen y se relacionen desde el corazón, y, si dudan, fomentemos esa actitud de la que nos hablaba el proverbio sufí: «Cuando tengas que elegir entre diferentes caminos, elige siempre el camino del corazón. Quien elige el camino del corazón nunca se equivoca».

3. Curiosidad. Bien, somos honestos, y nuestro corazón es una brújula que nos marca el camino. ¿Qué más necesitamos? Curiosidad. Grandes dosis de curiosidad. Inmensas cantidades, diría yo. La personalidad creativa vive y se desarrolla de la curiosidad. No es de extrañar, ya que el pensamiento humano funciona por asociación. Entonces, cuantos más conocimientos, intereses y datos tengamos para asociar, combinar y unir, más creativos seremos. Por suerte, la infancia es curiosa. Preguntan, se interesan, indagan hasta límites insospechados. Nuestra misión es mantener viva esa llama. No extinguirla haciéndoles creer que esto no se pregunta, o que se centren en una cosa antes de ir a por otra. Sí, tal vez el camino más corto entre dos puntos sea la línea recta, pero el camino más creativo es la curva, la espiral, el deambular de aquí para allá. Las líneas rectas están bien para las reglas, pero no fomentan un entorno creativo. No hay preguntas incorrectas, ni indiscretas, ni impertinentes. Nunca. Además, la curiosidad nos mantiene ingenuos y ciertamente inocentes, y eso es... ¡absolutamente creativo! La curiosidad es «arma cargada de futuro», como decía de la poesía Gabriel Celaya.

4. Idealismo, entendido como capacidad de soñar a lo grande. Como en el anterior punto, aquí debemos educar desde la no intromisión. Debemos ser protectores de un tesoro que habita, de por sí, en las nuevas generaciones. Los niños, las niñas sueñan de forma inmensa. ¿Cómo no? Ellos entienden perfectamente la frase que siempre decía el propio Ogilvy: «Alza la vista, abre nuevos caminos, compite con los inmortales». Pero, ¡ay!, nosotros, en ocasio-

nes, somos maestros de lo posible, adaptando el tamaño de nuestros sueños a los propios miedos, reservas o distintos tipos de conformidades. Por eso, ese idealismo (entendido así y no como corriente filosófica) nos empuja a ir más allá, a perseguir el horizonte, la utopía...

Ya que hablamos de utopías, quiero hacer un pequeño alto y explicarte una anécdota que, cuando la oí en boca de Eduardo Galeano, el inclasificable y genial escritor chileno, me maravilló, en el profundo y poético sentido de la palabra. Galeano nos cuenta que a su amigo Fernando Birri, el cineasta argentino, le preguntaron para qué sirven las utopías. Pregunta compleja, sobre todo si te la formula gente joven a la que tienes la obligación moral de proteger de la desazón y el sinsentido de una realidad masticada. Así, Birri contó que las utopías eran como el horizonte. Si te acercas unos pasos, el horizonte se aleja unos pasos. Si vas corriendo a por él, se aleja a igual velocidad. Avanzamos, pero el horizonte siempre está a la misma distancia de nosotros. Esta es la lección. Las utopías, como el horizonte, sirven para avanzar.

5. Playfulness. Sin duda, este anglicismo está muy de moda, se escucha por todas partes, y no son pocas las empresas que se esfuerzan en inculcar esta cultura del juego y de la diversión entre sus empleados. Normal. Distintos estudios hablan de cómo crecen la productividad y la felicidad en aquellas compañías que entienden que jugar es recrearse. ¡Qué bonita palabra! Es en el recreo cuando tomamos fuerzas, energía y disposición mental para crear y crear, y volvernos a crear de nuevo. La seriedad está sobrevalorada, y

en muchas ocasiones les pedimos a nuestros hijos que se tomen la vida con una gravedad que nada tiene que ver con ellos. Los niños, de por sí, entienden que la diversión es el mejor camino para aprender, desarrollarse, experimentar, probar, fallar y, no obstante, volverlo a intentar.

El juego es infancia, y debemos crear un ambiente ligero que desarrolle sus potencialidades y sus ganas de experimentar. A los seis años, pero también cuando, poco a poco, van entrando a la adolescencia y, por tanto, tienen la tentación de ir enterrando a ese niño interior que, ya de adultos, tanto echarán de menos. ¡No lo permitamos! ¿Cómo? ¡Jugando nosotros también! Permitiéndonos esa actitud que, de paso, nos inspirará y ayudará en nuestras propias batallas del día a día, porque, como decía Nietzsche, «la madurez del hombre es haber vuelto a encontrar la seriedad con la que jugaba de niño».

6. Intuición. Hay muchas verdades que, antes de ser corroboradas por la ciencia, ya pertenecían a otro tipo de conocimiento. Esto pasa con la intuición, ese poder de comprensión inmediato que simplemente nos viene, accedemos a él como si fuera parte de nosotros, como si nos naciera del interior. También, qué casualidad, se les llama «corazonadas», por ejemplo. ¡Otra vez entra en juego el corazón! Lo increíble es que es así.

La neurología asegura que en el corazón existen cuarenta mil neuronas, aproximadamente el mismo número que las que se encuentran en un milímetro cúbico de un cerebro estándar. Se podría pensar, entonces, que son pocas; poquísimas. Sin embargo, estas cuarenta mil valientes parecen ser las responsables de todas esas decisiones que tomamos por intuición. Hay más, porque, en contra de lo que se podría suponer, el corazón no cesa de enviar información al cerebro a través de distintos procesos bioquímicos. Es tan poético... Pero la poesía necesita de compromiso, y nosotros, como educadores, debemos fomentar esa intuición. Que los más pequeños crean en ellos mismos, en sus corazonadas, en ese «cerebro cardíaco», como lo llaman algunos especialistas. Para ello, es importante educar ese corazón. Que nos hablen de sus sentimientos, de sus sensaciones, de sus emociones, de «esos impulsos». Si pretendemos fomentar el pensamiento crítico y creativo, no podemos dejar de atender a esa forma de pensamiento que no es racional, sino intuitivo, difícil de explicar, pero que se siente. En las tripas, en las entrañas y, claro, en el corazón.

7. Persistencia. Nunca te rindas. Sigue. Sigue. Sigue. Hay que persistir, perseverar, insistir. Este es un valor crucial, fundamental, en el sentido de que puede poner unos sólidos cimientos con los que los niños se enfrenten a los retos que, seguro, les va a deparar la vida. ¿Cómo se enseña? ¿Cómo se crea este hábito? Primero de todo, no ayudándoles a la primera, ni a la segunda, ni a la tercera... Hablar con ellos, con ellas, del valor de intentarlo de nuevo y de buscar, tal vez, otras maneras de afrontar el problema que no están sabiendo resolver. Como padre, tal y como me pasó con el adelantamiento con el que abría este escrito, quisiera librar a mi hijo de cualquier dificultad o sombra de frustración, por mínima que pudiera ser. Pero eso no funciona, a la larga no soluciona nada. Si quiero enseñarle a

pensar, debo enseñarle a persistir y manejar la incertidumbre de no estar encontrando la respuesta.

Otra herramienta infalible, para trabajar la perseverancia, es que nos vean a nosotros como personas que no se rinden con facilidad. Ya sabes, ser ejemplo es la mejor manera de educar. De la misma manera que lo es, ya que hemos hablado del juego, ensayar pequeños retos, problemas o desafíos para que puedan entrenar esa resistencia ante los obstáculos.

8. Espíritu indomable. Y llegamos al último de los ocho puntos de estas comunidades altamente creativas. Y, seguramente, es una consecuencia de los anteriores siete. Porque, cuando una persona es honesta, pone el corazón en todo lo que hace, es curiosa, sueña a lo grande y no por eso deja de divertirse y recrearse... Cuando alguien sigue su intuición y, a pesar de las dificultades, sigue, y sigue, y sigue, entonces, esa persona es un espíritu libre; indomable. Eso no significa ingobernable, no. Quiere decir que no se dejará domar ni por el éxito ni por los fracasos puntuales, o, como diría Rudyard Kipling en su extraordinario poema «Si...», podrá encontrarse con el triunfo y el desastre y tratar a esos dos impostores de la misma manera.

Así pues, como educadores, esa es nuestra misión: crear espíritus que no se amedrenten, que sean capaces de salir ahí afuera y ser, simplemente, ellos mismos, ellas mismas.

Por supuesto, no voy a negar que educar es una de las cosas más complicadas que hay. Tanto es así que no conozco a nadie que asegure que lo sabe todo o que tiene una fórmula secreta e infalible. Simplemente no hay fórmulas. Lo que sí hay es ciertas formas… Y todas ellas pasan por, como decíamos al principio, aprovechar los maestros que se nos presentan en el día a día para aprender y ser más valiosos como educadores. Pero hay más. Porque, igual que hay maestros allí donde nosotros seamos capaces de verlos, también cualquier momento con nuestros hijos es una oportunidad para enseñar y transmitir valores. Mi hijo, en ese momento en el que adelantó al ciclista, hizo muchas cosas bien, y yo, tal vez, perdí el momento para remarcarlas y usar la técnica ACA y que yo aprendí practicando mugendo: alabar, corregir y alabar. Podría haber sonado así:

> «Muy bien, hijo. Has conseguido adelantar al ciclista y realmente has acelerado con una gran potencia. La próxima vez, eso sí, puedes prestar más atención a la distancia, creo que te has pegado mucho a él. De todos modos, te felicito por la valentía y la determinación en el adelantamiento».

Eso es la técnica ACA. Una especie de sándwich de la enseñanza. Bromas aparte, si prestamos atención a los momentos que pasamos con nuestros hijos, no solo podremos transmitir estos valores y «enseñarles cosas», también podremos subrayar aquellas cosas que hacen muy bien y que se ajustan a estos valores. Tan importante es enseñar lo que aún no como destacar lo que ya sí. Esto requiere tiempo, claro. De calidad, por supuesto. Requiere estar presentes y valores como la honestidad de hablar desde el propio ejemplo, el coraje de tener ese tipo de conversaciones, la intuición de saber cuál es el momento, y…, sí, los mismos que usamos para educar en el pensamiento crítico… y creativo.

Este libro se terminó de imprimir el 15 de mayo de 2023. Tal día como hoy se celebra el Día Internacional de las Familias, establecido por las Naciones Unidas en 1993 con el fin de remarcar el papel de todas las familias en la educación de los hijos desde la infancia.